Lichtwärts

Betrachtungen für ein geistgemäßes Leben in heutiger Zeit

Herausgeber: Perceval-Institut für Kosmologie und christliche Hermetik

Franz Weber im Herbst 2002 und 2019/20

Herstellung und Verlag: **BoD Books on Demand, Norderstedt**

ISBN: 9783750417533

Meinen Söhnen
Aaron und Mitja gewidmet

Lichtwärts

Betrachtungen für ein geistgemäßes Leben in heutiger Zeit

Inhaltsverzeichnis:

Vorwort

Die hier vorliegende Schrift umfasst zum Teil recht verschiedene Thematiken, die jedoch in ihrer Wirkungsweise unser Leben auf der Erde sehr stark beeinflussen können, ob wir uns dessen bewusst sind oder auch nicht.

Wir leben in einer Welt der Dualitäten und Polaritäten. Licht und Finsternis, Mann und Frau, Himmel und Erde, Tag und Nacht und vieles mehr, bestimmen unser Leben, ohne dass wir noch sehr viel darüber nachdenken müssen. Oftmals treten dabei gewisse Gegensätze, zum Beispiel das Gute und das Böse so auf, dass wir uns zwischen diesen Polen behaupten und darin unsere eigene Mitte finden müssen. Ja, wir brauchen diese Gegensätze sogar, denn sonst wäre keine Spannung im Leben vorhanden. Und ohne gewisse Spannungen und Auseinandersetzungen würden wir in unserem menschlichen Leben und Streben sehr leicht erlahmen.

Natürlich beinhalten verschiedene Pole aber auch bestimmte Gefahren, so dass wir uns einseitig in einem Extrem verlieren können oder nur noch, wie ein Blatt im Wind, hin- und herschwanken.

Das Gute gilt es ja anzustreben, doch immer nur gut sein zu müssen, zum Beispiel durch ein vorgegebenes moralisches Postulat oder durch eine „moralische" Instanz, entspräche nicht dem freien und sich selbst bestimmenden Menschen, der erst im Ringen mit dem Bösen ein selbst gefundenes und eigenes Gutes entwickeln kann. Zudem wäre es eher vermessen zu meinen, wir sind nur gut. Selbst ein Goethe tätigte den Satz: „Es gibt kein Verbrechen, als dessen Urheber ich mich nicht denken kann." Hätten wir zum Beispiel eine schwierige Kindheit und Ausgangslage im Leben erhalten, wer weiß, zu was wir selbst fähig gewesen wären. Eine moralische Verurteilung anderer ist daher einseitig und arrogant.

Einseitigkeiten bringen längerfristig gesehen immer etwas Leidvolles mit sich. Wir verlieren in den Extremen nämlich unsere individuelle Freiheit. Auch das Gute ohne ein Böses kann mit der Zeit so einseitig werden, dass es uns starr und abschätzig werden lässt gegenüber dem „anderen Pol" und damit gegenüber den Mitmenschen, die eben noch nicht so weit und „gut" sind, wie wir uns selbst vielleicht einschätzen. So werden uns Extreme, egal von welchem Pol sie ausgehen, mit der Zeit Schmerzen bereiten und dadurch wachrütteln, um allmählich besser damit umgehen zu lernen. Dabei kommt es in einer gesunden Weise vor allem darauf an, einen selbstbestimmten Weg zu finden, der die beiden Pole miteinander aussöhnen kann und zudem ganz neue Möglichkeiten eröffnet, die dann eine höhere Ebene finden lassen, in der und aus der wir die Polaritäten und Belange unseres Lebens schöpferisch gestalten lernen.

Dazu mögen die folgenden Gedanken und Abschnitte anregen und bestimmte Sichtweisen anbieten, die für den geneigten Leser eine Lebenshilfe oder zumindest etwas Klarheit und eine meditative Beschäftigung mit diesen Inhalten bringen können.

In solch einer meditativen Herangehensweise an die Probleme und Aufgaben des Lebens sind die Zeilen dieser Schrift entstanden. So sollten sie auch mit einer inneren Haltung gelesen werden, die eine Achtung vor dem irdischen wie auch vor dem geistigen Leben und zudem eine meditative Stimmung bewahren kann.

In diesem Sinne wünsche ich dem freundlichen und wohlgesonnenen Leser beim Ausarbeiten und Weiterverfolgen dieser Anregungen einen reichen Segen und eine besinnliche und sinnfindende Zeit.

Emmendingen, im November des Jahres 2002, überarbeitet in Freiburg im Herbst 2018 und 2019
Franz Weber

Leib und Geist

Der Leib ist der Tempel des Geistes. So hört man es oft in spirituellen Kreisen. Von einem rein geistigen Standpunkt aus gesehen kann dann der Leib sicherlich auch erst einmal als ein Gefängnis erfahren und angesehen werden, denn die Seele wird durch den Leib natürlicherweise begrenzt.

Der Leib ist den Menschen von den Göttern geschenkt worden und zwar in deren alleinige Verantwortung. Der Mensch kann ihn daher missbrauchen oder aber anwenden für die Aufgaben in der Welt. Durch dieses Göttergeschenk hat der Mensch nämlich die Möglichkeit einer Freiheit in sich. Durch den Leib ist der Mensch von seiner Umwelt getrennt. Erst als ein Eigenwesen mit einem eigenen Willen und einem Bewusstsein von sich selbst kann er sich zwischen Gegensätzen, Meinungen und Einstellungen frei entscheiden. Diese Freiheit bedingt in ihrem Grunde jedoch, dass sie sich auch gegen die alte Schöpfung beziehungsweise gegen den göttlichen Willen wenden kann.

Im Leib ist die göttliche Schöpfung an ein gewisses Ende gekommen. In der Materie ruht der göttliche Geist. Dadurch sind wir Menschen frei und können selber gestalten. In den feinstofflichen Sphären wirken die Götterkräfte ja noch mehr so, dass dort keine wirkliche Freiheit für den einzelnen Menschen vorhanden ist, da dort alles miteinander verbunden ist und noch ineinander wirkt. Erst durch den Leib können wir getrennt sein von anderen Wesen und zu einem Selbstbewusstsein, zu einem Bewusstsein der eigenen Person heranreifen, so wie dies recht gut in der kindlichen Entwicklung zu sehen ist, bei der eine allmähliche Ergreifung und Beherrschung der Leiblichkeit erforderlich ist.

Auf der anderen Seite kann sich der Mensch aber so mit seinem Leib verbinden und identifizieren, dass er seine eigene geistige Substanz negiert. Letztlich gilt es auch hier, eine Mitte zu finden zwischen den Leibeskräften und denen des Geistes. In dieser Mitte zwischen dem Leiblichen und dem Geistigen ist für den

Menschen nämlich erst ein wirklicher Freiheitsraum gegeben. Der vererbte Menschenleib will nach und nach ergriffen und beseelt werden. Erst dann können die kosmischen Ursprungskräfte darin erkannt und vom Menschen neu belebt werden. Der Mensch wird so zum Miterbauer seines eigenen Tempels.

Dieser soll, als erste Bedingung, gereinigt und gepflegt sein. Ein sauberer Leib kann sich noch am Ehesten gesund erhalten. Er wird aufnahmefähiger für kosmische und irdische Kräfte. Dazu bedarf es sicherlich, von der physischen Seite aus betrachtet, einer gesunden Ernährung mit hochwertigen Lebensmitteln, sauberes Wasser, gute Luft, genügend Bewegung und ausreichend Schlaf.

Über Ernährungs- und Umweltschäden soll hier aber nicht gesprochen werden. Da gibt es genügend gute Ansätze, um einen Ausgleich zu den krankmachenden Kräften unserer Zeit bewirken zu können. Nur muss man diese Erkenntnisse auch beherzigen und umsetzen.

In diesem Abschnitt soll nun hauptsächlich dem Bewegungsmenschen, der zu unserem Leib sicherlich dazugehört, unsere Aufmerksamkeit zuteil werden.

Eine moderne Bewegungslehre und Gymnastik darf den Gedanken der Tempelreinigung und auch den des Ergreifens und Ausgestaltens des Leibes, also unseres Tempels, ernst nehmen und als Grundlage für eine Bewegungsschulung heranziehen.

Anhand der kulturgeschichtlichen Entwicklung von Tempelbauten soll hier nun die Verbindung von Geist und Leib etwas näher betrachtet werden.

In früheren Zeiten der menschlichen Geistesgeschichte waren die ersten Tempel noch in der natürlichen Welt vorhanden. In Höhlen und Hainen und in den vielfältigsten Dolmen, Menhiren und Steinwällen wurde ein Gottesdienst noch im Einklang mit den natürlichen und kosmischen Kräften gefeiert. Die Menschen erlebten sich damals noch mehr im Außen, in der Natur und in der natürlichen Schöpfung. Die Seelen waren früher noch nicht so tief und fest mit ihrer Leiblichkeit verbunden und hatten noch kein so starkes Selbstbewusstsein, so wie dies heute der Fall ist. Das

7

Einzelwesen, die irdische Persönlichkeit, war damals noch nicht so ausgeprägt. Der Umraum und damit auch die Gemeinschaft bestimmte in dieser frühen Zeit das gesellschaftliche Leben.

Ägyptische Pyramiden stellten in einer weiteren Kulturepoche eine Architektur in der Landschaft dar, die monumental und konzentrierend auf die Betrachter wirkte. Im Inneren der Pyramiden gab es dann auch einen Sammlungsort, der bis an den Todespunkt heranführen sollte, der aber nur von Auserwählten betreten werden durfte. Konzentrationskräfte bewirken eine Zusammenziehung und Verdichtung in der Seele. Die ägyptische Seele wurde also stärker an ihre Leiblichkeit gebunden, so wie dies auch sehr direkt im Mumienkult zu sehen ist.

Griechische Tempel mit ihren hohen Säulen und offenen Gebäuden waren dagegen in einem harmonischen Ausgleich von Innen und Außen aufgebaut. Man erlebte im Inneren des Tempels auch noch die äußere, die umgebende Welt. Die Seelen der damaligen Menschen konnten sich beim Betreten dieser Gebäude öffnen und durch die Höhe der Tempel, vor allem durch die großen und hohen Säulen, sich in klarer und erhebender Weise innerlich aufrichten. So wirken Gebäude eben auch seelenprägend auf die Menschen. Die Tempelbauten entsprechen deshalb auch der inneren Seelenkonfiguration der Menschen in den jeweiligen Kulturen.

Somit kann in vereinfachter Weise auch ein kulturell-geistiger Weg der Menschheit von den Megalithkulturen über die ägyptischen Pyramiden und die griechischen Tempel zu den Kathedralen und Kirchen des Mittelalters beschrieben werden. Es ist dies ein Weg von Außen kommend, vom Umkreis des Kosmos und des Natürlichen, zum Beispiel in den Megalithen, der immer mehr in eine Verinnerlichung gereichen will. In den Kirchen und Kathedralen ist nun die Außenwelt abgeschirmt; kosmische Symbole können nur noch über farbige Fenster hereinleuchten. Der Kirchenmensch sammelt sich vermehrt in seinem Inneren, die Um- und Alltagswelt soll draußen bleiben.

Der weitere Schritt zu einer Verinnerlichung ist konsequenterweise, den eigenen Leib als Gotteshaus zu betrachten. Dazu gab es in der Geistesgeschichte zahlreiche Methoden und Möglichkeiten, den Leib in einem spirituellen Sinne zu gebrauchen, wie zum Beispiel im Tempeltanz oder im indischen Yoga.

Yoga will die Hinwendung nach Innen, ein Bewusstsein für leibliche und energetische Kräfteströmungen im Inneren ausbilden. Durch verschiedene Körperstellungen und Atemübungen werden ätherische Kräfte zugeführt. Über den Ätherleib wird die Seele an den Leib gebunden. So entsteht erst eine Selbstwahrnehmung und ein freies Fließen der Lebensenergie, was natürlich auch zu einer Gesundung des Menschen beitragen kann.

Andere Methoden wie das chinesische Tai Chi oder das Chi Gong arbeiten noch direkter im Ätherischen. Darin ist der Leib noch von natürlichen Ätherströmen getragen und durchflutet. Diese Übungen sind zumeist aus dem Naturreich übernommen und verbinden die Übenden recht stark mit ihrer natürlichen Umwelt. Tai Chi und Chi Gong gehen also nicht so tief ins Leibliche, kapseln sich nicht ab und bleiben daher vom Umraum getragen. Dies entspricht auch mehr der chinesisch-taoistischen Geisteshaltung. Die alten Inder wollten eher die äußere Welt ausklammern und nur nach den geistigen Tiefen beziehungsweise den Höhen in sich, mittels der leiblich-seelischen Werkzeuge, suchen. Dafür musste eine gute Beherrschung der leiblich-seelischen Kräfte erreicht sein.

Neuere Bewegungsschulungen, wie zum Beispiel die Eurythmie, wollen zum Ätherischen und Leiblichen, also zum natürlich vorgegebenen Leben, noch verstärkt das Seelische und Geistige hinzubringen. Dadurch kann der Leib bewusstseinsmäßig erst zum Tempel des Geistes gereichen. Die Eurythmie arbeitet mit kosmischen Kräften der Sprache und Musik, also mit Lauten und Tönen, die sie leiblich so umsetzt, wie der Ätherleib sich unter dem Einfluss dieser Geistgebärden bewegt. Das Seelische kommt durch den Inhalt eines Aufführungsstückes hinzu, wenn dieser von den Eurythmisten innerlich ergriffen und mit dem Leib nach vorgegebenen Bewegungsmustern und Gebärden ausgedrückt wird. In der Bewegung der Eurythmie können somit makrokosmische Kräfte, die vom Logos, vom Urwort ausgehen, den Leib durchdringen. Der bewegte Mensch und der beseelte Mensch, er wird so von objektiven kosmischen Kräften durchdrungen und damit durchgeistigt. Dies wirkt natürlich auch gesundheitsfördernd und seelenbildend auf den Menschen. Ein Hauptaugenmerk gilt dabei dem Ätherleib im Menschen, von dem die eurhythmischen Bewegungsabläufe entstammen. Das freie Fließen nach kosmischen Mustern trägt den physischen Leib mit. Oftmals hat man dabei den Eindruck, Eurythmisten „schweben" etwas. Die physische Erdung, das im Leibe sein, darf aber nicht vernachlässigt werden. Dazu dient im Allgemeinen die Gymnastik und der Sport.

Heutzutage wird im allgemeinen und modernen Lebensstil ziemlich einseitig auf die physische Seite hintendiert, was natürlich eine Folge des groben Materialismus ist. Es zählt meist nur noch die Schönheit, die Kraft, die Leistungsbereitschaft und der Erfolg des Körperlichen. Dadurch wird die Seele aber zu sehr an das Leibliche gebunden. Viele Zeitgenossen identifizieren sich nur noch mit äußeren Dingen, das heißt letztlich, die Seele bleibt im Leibe stecken beziehungsweise an den Dingen der Welt hängen. Sie kommt nicht mehr so leicht aus dieser materialistischen Welt heraus und findet dadurch zu wenig die wirklichen, die menschlichen Ideen und Ziele. Eine Selbstzentriertheit oder mit anderen Worten, ein ungesunder Egoismus ist das Resultat. Die Außenwelt wird in der Folge nur noch für die eigenen Zwecke ge- oder gar missbraucht.

Wird der Leib in einer gesunden Weise vom Menschen ergriffen, kann er zum Tor nach Außen, in die Mit- und Umwelt werden. Die Seele fühlt sich in diesem Leibe eingebettet und wohl, ohne sich aber darin zu verlieren. Der Leib wird zu einem fein gestimmten Instrument für den seelisch-geistigen Menschen, der sich als geistiges Wesen darin selbst ergreifen und finden kann. In einer gesunden Selbstbewusstheit erkenne ich den Anderen beziehungsweise das Äußere als gleichwertig an, denn ich bin bewusstseinsmäßig nicht ab- oder ausgegrenzt, sondern letztendlich mit allen und allem verbunden.

Um diese Erfahrung machen zu können, braucht man in einem

ganzheitlichen Sinne Bewegungs- und Sportarten, die vom Leib ausgehen, aber Weiteres und Höheres mit einbeziehen können. Die Bothmer-Gymnastik, benannt nach Graf Bothmer, ist zum Beispiel ein Versuch, wo vom physischen Leib ausgegangen wird, bei der dieser Leib aber nun in seinen Bewegungsrichtungen zum Kosmos hin ausgeweitet wird. So entstehen Bewusstseinserfahrungen des Leibes im Raum, also der Umgang mit der Schwere, der Leichte, der Höhe und Weite, mit der Waagerechten und der Senkrechten, mit den Richtungen Hinten und Vorne und so weiter. Dabei sind qualitative Erfahrungen des Räumlichen möglich, die bewusstseinsmäßig ausgedehnt werden können, sogar bis in den weiten Kosmos hinein. Der „kleine" Mensch in seinem Leib kann sich darin groß und weit empfinden. Das Kräftewalten des nur Leiblichen wird somit erweitert - bis in die makrokosmischen Kräfte des weiten Umraumes hinaus.

Diese Bewegungsschulung geht über die Yoga-Übungen hinaus. Yoga will die Seele noch ganz mit dem Leib verbinden, was für manche Menschen sicher auch heute noch aus therapeutischen Gesichtspunkten angesagt ist. Er darf darin aber nicht stehen oder stecken bleiben. In einer zeitgemäßen Gymnastik soll sich der Mensch wieder in die „große" Welt mit ihren Kräften und Qualitäten hinein erweitern. Vom Leib zur Welt - das ist eine zukünftige Aufgabe, die natürlich erst angegangen werden kann, wenn wir in unserem Leibe heimisch geworden sind, wenn wir ihn ganz ergriffen haben und beherrschen können. Dann können leibliche Erfahrungen des Umraumes uns auch wieder mit diesem verbinden. Eine soziale Komponente ersteht daraus.

Der Makrokosmos und der Mikrokosmos Mensch, das objektive kosmische Walten und der ichhafte Mensch im Leibe sollen sich durchdringen. Letztlich will die gesamte Welt, unsere Schöpfung, zum Tempel des Menschen werden. Der Geist will im Menschen gefunden sein, auch im Leib und er will durch den Leib, durch den Menschen, der den Leib als sein Instrument gebrauchen lernt, in die Welt hineinwirken und diese aus ihrem Fall miterlösen.

Auch in der ursprünglichen europäischen Geistesgeschichte, nämlich in der keltischen und germanischen Kultur, lassen sich Körperübungen finden, die es vermögen, geistige Kräfte und Wesen anzusprechen. Diese Körperübungen und -stellungen entsprechen den Runen. Die Runen sind geometrische Zeichen und Symbole, die reale Kräftewirksamkeiten anziehen und weiterleiten können. Der Mensch wird in diesen Runenstellungen zur Antenne und zum Sender für kosmische Kräfte und Wesenheiten, die sich durch die Runen kundtun.

Was natürlich in diesem Zusammenhang nicht unerwähnt bleiben darf, ist der Tempeltanz. Wir kennen aus alten Hochkulturen die feinen und bewussten Bewegungen im Tanz, die göttliche Qualitäten durch den Menschen ausdrücken sollen. Da diente der Tanz zum Erzählen göttlicher Geschichten, Fabeln und Parabeln, wie im alten Indien oder zur Gestaltung von Tempelritualen.

Wie kann nun ein neuer Tempeltanz aussehen, der den freien und individuellen Menschen voraussetzt, wobei es folglich nicht mehr nur vorgesetzte Rituale und Geschichten gibt und geben darf?

Der neue Tempeltanz wird sich die kosmischen Urkräfte der Laute und Töne, des Wortes und des Klanges einverleiben, sowie die lebensvollen Bewegungsformen aus dem Reiche der Natur und mit diesen Urkräften den ganzen Menschen durchdringen beziehungsweise diese durch ihn ausdrücken. Jedoch sind diese Kräfte und Bewegungsmuster heute individuell aufzugreifen und je nach Reife und Stand in der eigenen Biographie ausdrücken zu lernen. Ja, das Individuelle darf und soll heute hinzukommen.

So darf auch die Eurythmie, die eben mit kosmischen Urkräften arbeitet, von Mensch zu Mensch verschieden artikuliert werden, denn jeder empfindet geistige Eindrücke nach seinem inneren Resonanzvermögen anders. Daraus ergeben sich neue Geschichten, die vom Lebenslauf und der Reife der einzelnen Menschen mitgeprägt werden. So können in der Gruppe, im Zusammenwirken mit anderen Tänzern folglich auch ganz neue Elemente erschaffen werden. Ein Gemeinschaftsprozess ersteht daraus, der über die alte Schöpfung hinausweist. Der Kosmos liefert dafür quasi nur noch die Bausteine. Das „Haus" dürfen wir Menschen

selber kreieren und in der Gemeinschaft zusammen erbauen.
Natürlich beinhaltet diese Arbeit mit den Urformen auch ein inneres Wachstum, das für einen selbst und dann auch für die Mitwelt anregend sein kann. Bis zu den Naturwesen und natürlich auch zu den Mitmenschen können solche Bewegungsformen ausgleichend, harmonisierend oder anregend wirken. Die Welt beginnt mit den tanzenden Menschen mitzuschwingen. Wir machen niemals nur etwas für uns allein. Die Mitwelt gerät in Resonanz oder in Widerspruch zu unserem Tun, je nachdem, wie und auf was wir uns selbst ausrichten.

Die heutigen Eurythmisten haben oftmals noch mit dem Verbinden und Darstellen der kosmischen Urformen ihre Mühe. Nur ein Nachahmen genügt aber heute nicht mehr. Das individuelle sich Verbinden mit den Lauten, Rhythmen und Tönen schafft die Vorstufe zum Darstellen komplexer Formen aus Gedichten, Musikstücken, Dramen oder aus geistigen Offenbarungen.

Kunst ist Verwandlungsarbeit. Das gilt für die Eurythmie und den Tanz wie auch für andere Kunstdisziplinen ganz allgemein. Durch die ausgewählten Stücke, Inhalte und Themen wird Menschliches, wird „Welt", wird Kosmisch-Geistiges und Menschheitliches in reinster beziehungsweise in nonverbaler, direkter Form durch die entsprechenden Bewegungssequenzen in den Leib gebracht und über diesen den Zuschauern vorgeführt. Im Wahrnehmen und Miterleben wird in den Seelen der Zuschauer etwas angesprochen, das die Ausführenden in ihrer Probenarbeit selbst veranlagt haben, das aber beim Tanz nun nicht über den Intellekt wirkt, sondern über ein intuitives Erfassen des Dargestellten. Der Künstler darf etwas weiterschenken, das er durch seine Arbeit für sich selbst errungen hat.

Auch in der Pädagogik kann der Tanz oder die Eurythmie fruchtbar sein, da kosmische Kräfte, die in den einzelnen Bewegungssequenzen liegen, auch aufbauend wirken für das leiblich-seelische Gefüge im Menschen. Da braucht man gar nicht immer nur eine heile Welt den Kindern und Jugendlichen aufsetzen wollen. Es gilt auch, mit ihnen das Dunkle und Kranke anzunehmen, das sie heute in der Welt erfahren. Gerade in Bewegungs- und Rollenspielen, im dramatischen und theatralischen Ausdruck kann das Negative spielerisch aufgegriffen und verwandelt werden, so wie das auch in bildnerischer Weise in vielen Märchen geschieht. Im Ausagieren des eigenen Lebensdramas entsteht immer ein Kampf mit den guten und bösen Kräften, der im Spiel und im freien Tanz viel leichter zu lösen ist als im echten Lebensdrama.

Das Gute siegt letztlich immer. Können wir das Innerseelische mit dem Leib ausdrücken, so entsteht eine Dramatik und eine Dynamik im Miteinander und zwischen den Menschen, die innere Spannungen und Ängste lösen hilft. So können wir in der Pädagogik durch den bewegten Leib das Drama der Welt vorbereiten, aber nur so weit, wie es den Kindern schon begegnet ist.

Den Leib mit ins Spiel bringen, heißt freie Bewegungen zu schulen, heißt den Kampf, die Liebkosung, die Dramatik, die Lyrik und die Epik des Lebens durch den Leib beschreiben zu lernen. Dies ist eine Leibeskunst, die die Seele und den Geist umfasst, wenn wir mit einzelnen Bewegungssequenzen arbeiten, die Geistiges ausdrücken, die also Bausteine des realen Geistes sind. Das Kosmische kann bis in den Leib hinein heilend einwirken, so wie das zum Beispiel in der Heileurythmie in objektiver Weise versucht wird. In der Tanztherapie wird hauptsächlich versucht, Innerseelisches mit dem Leib auszudrücken. Dadurch können Stauungen und Verkrampfungen gelöst werden.

Letztlich dient der Bewegungsmensch dem ganzen Sein. Himmels-, Höllen- und Erdkräfte sind im Menschen anwesend, bis in den Leib hinein. Eine Einwohnung der Himmelskräfte durch eine geistgemäße Bewegungsweise schafft aber auch eine Dramatik und damit Kämpfe im eigenen Inneren, die allmählich zu einer Wandlung und Erlösung von Kräften führen sollen, die uns peinigen und fesseln wollen – im Seelischen wie im Leiblichen. Innere und äußerlich gestaltete Seelenbewegungen durch eine gesunde Beweglichkeit im Leiblichen lässt uns schließlich eine Freiheit erfahren. Der Geist ist frei. Er soll den Sieg erringen, in seiner Wohnung, in seinem Haus, in der Seele und im Leib.

Einheit und Vielfalt

Gerne wird in manchen esoterischen Kreisen davon gesprochen, dass die Welt in ihren vielfältigen Erscheinungen nur Maya, das heißt, ein Schein ist. Man strebt dann als ein spirituell Suchender von der Welt weg, in rein geistige Sphären hinein. Die Einheit, Gott, das Nirvana, die Unio mystica und andere Bezeichnungen für dieses Unnennbare beziehungsweise für eine „bessere" Welt ist das allgemeine Ziel dieser Wahrheitssucher.

Die Vielfalt der irdischen Welt mit ihren mannigfaltigen Wachstumsmöglichkeiten wird dabei mehr oder weniger negiert. Allein die Einheit wird angestrebt, aus der alles urständet, entspringt und aus deren Kraft die Vielfalt erst erstanden ist. Man will zurück zum Ursprung, zur Einheit, denn in dieser Einheit löst sich die Vielfalt und damit die Vereinzelung, so meint man, sowieso auf. Alles ist ja mit Allem doch irgendwie miteinander verbunden.

Bei genauerer Betrachtung zeigt sich darin eine Polarität, denn die Vielfalt bedingt die Einheit, aus der alles urständet und die Einheit kann ihrer erst selbst bewusst werden in den vielfältigsten Erscheinungen ihrer eigenen Emanationen. So dürfen wir beide Pole anerkennen und versuchen, auch beide Pole in uns selbst und in der Welt wahrzunehmen und zu integrieren. Denn erst im Zusammenklang entsteht eine Ganzheit.

Zunächst ist uns natürlich die Welt der Erscheinungen vorgegeben. Aber in diesen Erscheinungen zeigen sich auch die Kräfte des Ursprünglichen, wenn wir deren feine Schwingungen wahrnehmen und erleben lernen. Somit offenbart sich in den Erscheinungswelten immer auch die Sphäre des Unendlichen, also die der Einheit. Dadurch kann die Welt allmählich zu einem Weg hingereichen, der die Erscheinungen in ihrer Vielfalt annimmt und diese wieder mit der Einheit zu verbinden vermag.

In den nächsten Zeilen will ich deshalb in kurzen Stichworten Elemente des Physisch-Leiblichen und des Seelischen anführen und zwar so, wie sie mit den kosmischen Kräften in einer Analogie stehen. „Wie oben, so auch unten". Dieser Ausspruch des Hermes Trismegistos verdeutlicht das Analogiegesetz, wonach das physische Leben und die leiblich-seelischen Konfigurationen des Menschen nach den gleichen Prinzipien wie das seelische oder das geistige Sein im Kosmos aufgebaut sind.

Zuerst soll hier die Siebenheit der leiblichen-, ätherischen- und seelischen Konfiguration im Menschen beschrieben werden. Alle Ebenen sind jedoch miteinander verbunden. Das Seelische wirkt in das Leiblich-Ätherische und umgekehrt und der Geist durchdringt und impulsiert alle Welten. Die folgenden Anführungen können hier nur stichwortartig beschrieben werden und sind sicherlich nicht vollständig. Sie sollen einen Einblick gewähren in kosmisch-irdische Zusammenhänge. So spiegelt sich die Einheit in siebenfältiger Weise, wie das Licht, das im Zusammentreffen mit der Finsternis den Regenbogen erzeugt.

1. Ebene: Das Wurzelchakra, Farbe Rot. Körperlich werden die Keimdrüsen gesteuert und das Urogenital-System. Ätherisch ist der Nieren-Blasen - Meridian mit diesem kosmischen Strahl verbunden. Astrologisch entspricht diese Ebene der Mondensphäre mit dem Laut „ei". Das Metall ist Silber, unter den Bäumen ist es die Kirsche, ein Heilkraut ist zum Beispiel die Kamille.

Von den Künsten ist es die Architektur, die eine Beziehung zum physischen Leib und zum Wurzelchakra aufweist. Seelische Beeinträchtigungen ergeben sich durch Ängste und emotionale Verletzungen. Geborgenheits- und Heimatgefühle, wie auch ein Sicherheitsgefühl wirken sich positiv und stärkend auf diese Ebene aus.

2. Ebene: Das Hara-Chakra mit der Farbe Orange. Die Bauchspeicheldrüse und der Magen-Milz Meridian, also ist die Aufnahme, Analyse und Verdauung der Nahrung damit verbunden.

Astrologisch entspricht dies der Merkursphäre, der Laut ist „i". Das Metall ist das Quecksilber (Mercurius), der Baum ist hier die Ulme und ein Heilkraut zum Beispiel die Goldrute.

16

Von den Künsten ist es die Plastik mit der Beziehung zum Äther-leib. Seelische Beeinträchtigungen durch Sorgen, Grübeln und Unsicherheiten. Ein Selbstvertrauen und Selbstwertgefühl, ein positives Denken und ein feiner Humor wirken positiv.

3. Ebene: Das Solar Plexus-Chakra mit der Farbe Gelb. Unter den Drüsen die Nebennieren, die wiederum das Leber-Galle System, unser Kraftzentrum, impulsieren, somit auch eine Verbindung zum Leber-Gallen Meridian zeigen. Astrologisch können wir die Venus mit dem Laut „a" anführen, wobei bemerkt werden muss, dass hier in früherer Zeit die Planeten am Himmel mit den Namen vertauscht wurden. So könnte für dieses dritte Chakra auch der Name Merkur stehen. Man müsste dann aber auch wiederum die Qualitäten vertauschen, da zum Beispiel der Bauchspeicheldrüse die Farbe Gelb und das merkuriale, das analytische Wirken ent-spricht, während die Venus über die Nebennierenhormone aus-gleichend auf unsere Geschlechtlichkeit einwirken soll, was wiederum mehr dem zweiten Chakra zugehörig ist. Daher finden sich in der Literatur auch recht unterschiedliche Angaben zu diesen beiden Chakren. Insgesamt zeigt sich darin aber eher eine gegenseitige Durchdringung dieser kosmischen Qualitäten von Merkur und Venus im Menschenreich beziehungsweise eine Harmonisierung und Verteilung dieser Energien. Merkur verbin-det, Venus schafft Harmonie.
Das Metall der Venus ist das Kupfer, der Baum ist die Birke, ein Heilkraut ist zum Beispiel die Ringelblume. Von den Künsten ist es die Malerei mit der Beziehung zum Astralleib. Seelische Beein-trächtigungen geschehen durch Wut, Ärger, Zorn und Ablehnung. Courage, Mut und eine vorwärtsgerichtete, positive Lebensein-stellung sind hier gefragt.

4. Ebene: Herz-Chakra, Farbe Grün. Die Thymusdrüse. Herz-Dünndarm Meridian. Die Sonnensphäre mit dem Laut „au". Der Baum ist die Esche, das Metall das Gold, ein Heilkraut zum Beispiel Johanniskraut und Weißdorn.

In der Kunst sollen auf dieser Ebene alle Bereiche des Lebens künstlerisch gehandhabt werden. Die Lebenskunst, die Liebeskunst und das Spiel an sich, stärken und beflügeln letztlich das Ich im Menschen.

Seelische Beeinträchtigungen durch Leid, Schock, Verlust, Enttäuschung und Schmerz. Positiv sind Freude, Liebe und eine Herzens-Wärme.

<u>5. Ebene:</u> Hals-Chakra, Farbe Türkis, Hellblau. Nebenschilddrüse und der Lunge-Dickdarm Meridian. Die Marssphäre mit dem Laut „e". Metall: Eisen; Heilkraut: Lungenkraut, Spitzwegerich, Brennessel; der Baum: die Eiche. In den Künsten ist es die Musik mit der Beziehung zur Empfindungsseele. Seelische Beeinträchtigungen durch Trauer, Kummer, Dogmatismus, Pessimismus und Kritisiererei. Positiv wirken Zuversicht, Optimismus, Hoffnung und Vertrauen.

<u>6. Ebene:</u> Stirnchakra. Farbe: Blau, Violett. Hypophyse: Steuerung des Leib - Seele Gleichgewichts. Die Jupitersphäre mit dem Laut „o". Metall: das Zinn. Heilkräuter zum Beispiel Schafgarbe und Ginseng. Baum: Ahorn, Kastanie.
In den Künsten die Dichtung und Poesie, das Schauspiel. Die Verstandes- und Gemütsseele. Seelische Beeinträchtigungen durch Unordnung, Unkontrolliertheit und Größenwahn. Positiv ist eine religiöse Haltung, eine humanistische Bildung und ein Wahrheitsstreben.

<u>7. Ebene:</u> Scheitelchakra. Farbe: Violett, Weiß. Epiphyse: Steuerung des Innen - Außen Gleichgewichts. Die Saturnsphäre mit dem Laut „u". Metall: Blei. Baum: Buche, Nadelbäume. Heilkraut zum Beispiel der Baldrian. In den Künsten ist es die Bewegungskunst, der Tanz und das Gespräch, das innere zur geistigen Welt und nach außen zur Mitwelt. Im Gespräch werden Grenzen überwunden oder gesetzt, Ebenen ausgetauscht und Räume geschaffen für neue Möglichkeiten. Die Bewusstseinsseele.

Seelische Beeinträchtigungen durch eine geistige Enge, durch Ungläubigkeit und innere Unruhe. Positiv sind Gelassenheit, Toleranz, Hingabe, Andacht und eine Unvoreingenommenheit.

Das wäre in Kürze die siebenfache Teilung der All-Einheit in einem Leib-Seele-Geist Zusammenklang, wobei hier natürlich noch aus den geistigen Sphären weitere Kräfte, zum Beispiel die sieben Erzengel genannt werden können. Die sieben Wochentage oder die sieben Stufen eines Einweihungsweges und dergleichen mehr, offenbaren ebenfalls etwas von den sieben Strahlen, die von der Gottheit ausgehen, so wie diese zum Beispiel in der Johannes Apokalypse vom Seher Johannes geschaut wurden. Die Siebenheit lässt sich in der Zeit entwickeln. In meiner Schrift: Auf dem Weg zum Gral - sind dafür noch weitere Gesichtspunkte geschildert.

Der Raum ist in die Struktur der Zwölfheit aufgeteilt. Wenn die Einheit sich aufgibt, wenn sie sich aus sich selbst gebiert, erscheint sie für uns in der Zeit und im Raum. Hier offenbart sie sich in ihrer Vielfältigkeit. In der Einheit, in einer mystischen Vereinigung mit ihr, löst sich die Vielfalt wiederum auf. Der Einzelne gibt sich und damit sein Eigensein darin auf. In der Vielfalt findet sich der Einzelne dagegen auf einem Weg durch Raum und Zeit – ein Individuationsprozess, im Sinne C.G. Jung's, ereignet sich.

Können wir beides leben, den mystischen Tod und die mystische Vereinigung, also das Sterben der Welt in uns und die Wiedergeburt im Geiste der Einheit, sowie den chymischen Tod und die chymische Hochzeit, das ist das Sterben für die Welt und in die Welt hinein und damit eine Weltvereinigung, so haben wir erst eine Ganzheit erreicht. Nur eine Seite auf Kosten der anderen auszuleben, wird längerfristig gesehen einseitig bleiben müssen. Die Unio Mystica, die Gotteinigung und die chymische Hochzeit, die Vereinigung mit dem Geist in der Welt, dürfen sich endlich wieder finden. Somit zeigt sich erst eine echte Lebenskunst, wenn die Gegensätze miteinander verbunden und vereint werden können.

So soll hier der Vollständigkeit halber die zwölffache Gestaltung des Leibes nach den kosmischen Prinzipien angeführt werden:

19

Körper-teil	Tierkreis-zeichen	Sinn	Konso-nant	Tugend	Weltan-schauung	Edelstein Mineral
Kopf	Widder	Ich-Sinn	W	Devotion, Opferkraft	Idealis-mus	Amethyst, Kohlenstoff
Hals	Stier	Denk-Sinn	R	Treue, Ausdauer Fortschritt	Rationa-lismus	Hyazínth, Schwefel
Brust, Arme	Zwillinge	Wort- und Sprach-Sinn	H	inneres Gleich-gewicht	Mathe-matis-mus	Chrysopras, Wasserstoff
Magen, Zwerchfell	Krebs	Hör-Sinn	V, F	Selbstlosig-keit, Katharsis	Materia-lismus	Topas, Stickstoff
Herz, Wirbelsäule	Löwe	Wärme-Sinn	T	Mitleid, Freiheit	Sensua-lismus	Beryll, Sauerstoff
Bauch,	Jungfrau	Seh-Sinn	B	Höflichkeit, Herzenstakt	Phänome-nalismus	Chryso-lith,,Jod
Lenden	Waage	Geschmack-Sinn	C	Zufrieden-heit, Gelassenheit	Realismus	Karneol, Brom
Unter-leib	Skorpion	Geruch-Sinn	Z	Geduld, Einsicht	Psychis-mus	Sardonyx, Chlor
Hüfte, Schenkel	Schütze	Gleich-gewichts-Sinn	G	Gedanken-kontrolle, Wahrheitsempfinden	Dynamis-mus	Smaragd, Fluor
Knie Knochen	Stein-bock	Bewegungs-Sinn	L	Mut, Erlöserkraft	Spiritua-lismus	Chalzedon, Bor

| Waden | Wasser-mann | Lebens-Sinn | M | Diskretion, Meditation | Pneuma-tismus | Saphir, Silizium |
| Füße | Fische | Tastsinn | N | Großmut, Liebe | Monadis-mus | Jaspis, Phosphor |

Diese Zuordnungen stammen aus der Astrologie, der Anthroposophie und der Apokalypse und können sicher noch erweitert werden, zum Beispiel durch die zwölf Tonarten der Musik, die zwölf Monate, die zwölf Jünger et cetera. Der Weg in die Welt und durch die Welt zum Geist in der Welt geschieht vor allem auch durch die zwölf Sinne des Menschen.

Durch die Sinne zum Geist. Die zwölf Sinne gilt es auf einem spirituellen Weg durch den Raum wahrzunehmen und zu verstehen. Es gibt Sinne, die mehr nach Innen, zum Leib hin wirken und welche, die nach Außen orientiert sind, sowie die mittleren Sinne, die das eigene, mehr seelische Befinden kundgeben.

Der chymische Weg will im Außen, in der Welt, im Stoff und im Leben den Geist, der darin verborgen ist, finden. Die Sinne sind wie Tore dorthin. Sich mit den Kräften der Raumeswelten durch die Sinnestätigkeiten verbinden, heißt letztlich auch, in die Welt hineinzusterben. Hinter oder in den Erscheinungen der Welt wirkt der lebendige Geist. Diesen wahrnehmen zu können, bedeutet eine chymische Hochzeit.

Der mystische Weg lässt ab von der Welt. Die Welt stirbt in uns. In dieser Weltgelöstheit erfährt der Mystiker eine mystische Vereinigung mit dem Gottesgeist im Innern, mit der inneren Einheit.

Somit zeigt sich ein Innen- und ein Außenweg zum Geist. Beide Wege bedingen einen Sterbedurchgang, wo viele Eigeninteressen geopfert werden müssen, damit Geistiges sich einleben und aussprechen kann.

Beide Wege können sich aber auch ergänzen. Die Einheit ist in beiden Wegen zu finden, im Innen und im Außen. Somit dürfen wir auch sagen, dass die Einheit und die Vielfalt letztlich eines sind; zunächst als zwei gegensätzlichen Pole verstanden, die aber durch eine höhere Einheit, durch ein drittes, durch ein dynamisches Prinzip verbunden werden können. Dieses Verbindende ist die Liebe. Wir dürfen folglich die Einheit lieben, wie auch die Vielfalt. Die Liebe erkennt in der Vielfalt immer auch noch einen Zusammenhang mit der Einheit und in dieser die Potenz für alles vielfältige Sein. In diesem Einen, von dem alles ausgeht, das alles bewirkt und in das alles wiederum zurückkehrt und zusammengefasst ist, ja, da ist alles, zumindest als eine schöpferische Potenz enthalten. Die Einheit und die Vielfalt sind schließlich zwei Aspekte eines Ganzen.

Dieses Ganze, das die Einheit mit der Vielfalt zusammenbringt, das in beiden den innersten Kern ausmacht, ist die Liebe. Sie verbindet die Einheit mit der Vielfalt, denn wir können beides lieben lernen, auch beide Wege, den Weg nach Innen und den Weg nach Außen, ins Reich der Himmel und in das Reich der Erde.

Nur einen Weg zu wählen, schafft eine gewisse Einseitigkeit, auch wenn in der Geistesgeschichte manchmal zu bestimmten Zeiten und an unterschiedlichen Orten nur ein Weg praktiziert wurde.

Zu sehr zum Himmel entrückt beziehungsweise zu sehr ins Irdische geneigt, hält letztlich gefangen. Die Mitte und damit eine Freiheitssphäre, bildet sich erst im Ausgleich und in einer Balance aus. Immer wieder diesen Ausgleich herzustellen, von Oben und Unten, von Innen und Außen, ist eine Lebenskunst. Die Mitte ist dabei immer wieder neu zu erringen. Zwischen Sammlung und Hingabe, also zwischen dem Weg, der zur Einheit führt und dem Weg zur Vielfalt, dem Kennenlernen der Welt, der Öffnung und Weitung in diese Welt hinein, entsteht ein Bereich, den wir Menschen selbst gestalten können; hier erst beginnt die Sphäre der Freiheit. In der Liebe zu diesem Bereich der inneren Selbstbestimmung und zu den kreativen Welt-Gestaltungen finden wir erst unser wahres Menschentum.

In der Einheit sich auflösen oder sich in der Vielfalt verlieren – beides wäre kein menschlicher Weg. Dieser ersteht erst im Ausgleichen, im Harmonisieren, im Spiel mit den Gegensätzen, denn dadurch gebiert sich das Leben immer wieder neu.

Licht und Finstemis

Oftmals wird die Dualität von Licht und Finsternis so stark als ein Gegensatz angesehen, dass ein innerer, bis hin zu einem geistigen Kampf zwischen diesen Kräften scheinbar unvermeidbar ist. Doch wie das Aufeinandertreffen von Licht und Dunkelheiten erst die Farben des Regenbogens entstehen lassen, so kann es auch im menschlichen Leben in den Auseinandersetzungen mit den lichten und den dunklen Seiten beziehungsweise mit den finsteren Kräften in uns, zu einer enormen Steigerung der guten Kräfte hingereichen. Durchaus haben nämlich die dunklen Kräfte und Wesen ihre Berechtigung im Kosmos, wie auch im Menschenleben.

In diesem Artikel wird nun eine Gegenüberstellung der Wesenheiten des Lichtes und der Finsternis aufgezeigt, denn dies kann eine Erkenntnis bringen, durch die wir einsehen können, wo nun jeder Einzelne im persönlichen Leben steht und mit was für Kräften wir eigentlich in uns und dann auch in der Welt zu ringen haben. Dabei werden drei grundlegende Ebenen unterschieden: die Ebene des Lichtes, der Liebe und des Lebens. Die göttlichen Kräfte und Wesen, die sich darin offenbaren, sind es letztlich auch, denen wir zustreben dürfen und die von den Finsternismächten in ihr Gegenteil verkehrt werden. So entstehen eben die Polaritäten, zwischen deren Gegensätzen für uns Menschen erst eine Sphäre der Freiheit entstehen kann. Ohne diese Polaritäten wäre keine wirkliche Freiheit möglich.

Der heilige Geist, der Geist der Wahrheit vermittelt die Sphäre des göttlichen Lichtes. Durch ein ehrliches Wahrheitsstreben nähern wir uns allmählich diesem Bereich. Ahriman, der Geist der Verhärtung und der Finsternis, will als Gegenpol dazu unser Denken einseitig an das sinnliche Dasein binden und uns dadurch in die Irre leiten, damit wir in dieser Lüge gefangen bleiben. In der Polarität eines lebendigen und lichtvollen Denkens und der rein mechanischen Abstraktion steht der Mensch. Ein Erkenntnisringen führt aus dieser Gespaltenheit heraus. Im sogenannten Goetheanismus ist uns zum Beispiel ein guter Ansatz für eine positive Wandlung des Denkens, hin zu einem anschauenden, ehrfurchtsvollen und lebendigen Denken gegeben. Astrologisch wird diese Sphäre durch den Planeten Uranus angedeutet.

Christus, der göttliche Sohn, offenbart in selbstloser Weise die göttliche Liebe. Sein Gegenspieler ist Luzifer, der die Menschen in den Schein, in die Illusion und in die Täuschung führen will. Ein selbstsüchtiges, egozentrisches Fühlen soll den Menschen nur noch an sich selbst binden. Unser Fühlen kann sich weiten, sich öffnen für andere oder sich nur in sich selbst spiegeln, ein schöner Schein wird dadurch kreiert. Eine Läuterungssphäre der Seele, die die Reinheit des Fühlens, hin zu einem Mitgefühl und zu einer uneigennützigen Liebe bewirken will, entsteht aus dieser Spannung. Astrologisch spiegelt sich darin die Neptunsphäre.

Das göttliche Leben, die kosmischen Vater- und Mutterkräfte, sollen wir in der Schöpfung achten, pflegen und ehren lernen. Sie walten ja bis in die Körperlichkeit hinein. Der Gegenspieler des Schöpfergottes, des Vaters, ist Sorat, der Sonnendämon mit der Zahl 666. Sein Auftrag ist es, eine Zerstörung, quasi den Tod herbeizuführen. Unser eigenes Wollen wird von ihm korrumpiert bis hin zu mannigfachen Besessenheiten. Gesellschaftlich gesehen kann dies bis zu einem Kulturtod gereichen. Plutonische Kräfte offenbaren sich darin.

Die religiösen Gelübde der Armut, der Keuschheit und des Gehorsams sollten in früheren Zeiten diesen Finsternismächten auf einem religiös-geistigen Schulungsweg entgegenwirken und die Mönche oder andere spirituell Suchende mit dem göttlichen Geisteslicht verbinden.

Armut im Geiste: Warten und Lauschen, was der Geist der Wahrheit spricht. Keuschheit im Herzen: Fühlen, wie die Weltenseele in uns webt und fühlt. Gehorsam im Leben: „Nicht mein, sondern Dein Wille geschehe". Der Weltenwille darf sich offenbaren.

Zu den Gelübden lässt sich für eine zeitgemäße Anwendung dieser Tugenden die Bemerkung machen, dass diese im Mittelalter oftmals falsch verstanden wurden. Daraus sind für viele Seelen, die diese Gelübde in mönchischer Manier oder sonstwie versucht hatten zu leben, vielfältige Probleme in einer späteren Inkarnation entstanden. Denn ein Gelübde kann über mehrere Inkarnationen bindend auf die Seelenentwicklung einwirken. Man muss sich dann in einer späteren oder auch in der jetzigen Zeit, wenn sich die jeweiligen Seelen wieder inkarniert haben, oftmals mit Hemmungen und Problemen beschäftigen, für die es keine rechten Erklärungen gibt. Ein Schweigegelübde zum Beispiel kann Kommunikationsstörungen mit sich bringen oder eine starke Redesucht als Ausgleich und dergleichen mehr.

Eine falsch verstandene Armut meint, man müsste im Materiellen arm sein; da ist aber eher eine Mäßigkeit und Bescheidenheit anzuraten. Auch die Keuschheit und der Gehorsam können falsch verstanden und moralisch missbraucht werden. Gehorsam gilt es gegenüber den natürlichen Bedürfnissen und den schicksalhaften Begebenheiten zu üben, denn die Natur ist ebenso Gotteswille, wie der weite Makrokosmos und das innere Gewissen. Das heißt aber nicht, wir müssten irgendwelchen Obrigkeiten zum Gehorsam verpflichtet sein.

Eine falsch verstandene Keuschheit führt zur Askese und Prüderie. In einem reinen Herzen sind wir keusch. Wenn das Herz rein ist und bleibt, darf alles getan werden. Dem Geiste gegenüber arm zu sein, macht uns vielmehr offen für ihn, denn wir nehmen dadurch eine bittende und empfangende Haltung ein. Der eigenen inneren Stimme und den inneren Bedürfnissen gehorchen, führt uns auf den rechten Weg, so dass die Gelübde jetzt nicht mehr einengend sind und uns mit Schuld beladen können. Sie sind, in Freiheit angestrebt, wahre Wunderkräfte, die uns tatsächlich mit den göttlich-geistigen Mächten und Wesen in und über uns verbinden können.

Für ein besseres Verständnis der Menschheitsgeschichte kann die Gegenüberstellung der Licht- und Finsterniskräfte folgende Erkenntnisse bringen.

In der Fischezeit, die langsam zu Ende gehen soll, aber sicher noch längere Zeit nachwirken wird, waren die Menschen von starken Rückzugstendenzen beherrscht, zum Beispiel in den Einsiedeleien und Klöstern. Der Planet Neptun regiert astrologisch im Fischezeichen.

Rausch, Ekstase, Auflösungen und Illusionen sind Attribute des Luziferischen. Sie sollten in ein Mitempfinden einmünden, denn sie können durch die selbstlosen Liebekräfte in der Seele verwandelt werden. Hingabe- und Opferkräfte erschaffen erst eine Möglichkeit, vom eigenen egozentrischen Standpunkt loszukommen und sich ganz in den Anderen einzufühlen. „Nicht ich, sondern der „Andere" beziehungsweise der Christus lebt in mir."

Im Übersinnlichen ist Neptun schließlich auch der Repräsentant für die All-Liebe.

Heute, in der beginnenden Wassermannzeit, werden vor allem die ahrimanischen Kräfte dominierend sein. Durch die Technik und Wissenschaft wird ein einseitiges Denkmodell präsentiert, das nur das Stoffliche und das Untersinnliche gelten lassen will. Die untersinnliche Kraft der Elektrizität spiegelt das uranische Prinzip, das im Übersinnlichen der Lichtsphäre entstammt und diesem im Untersinnlichen in negativer Weise entspricht.

Pluto offenbart sich untersinnlich in der Kernspaltung, in der Atomenergie durch eine „Materievernichtung". Übersinnlich deutet Pluto auf den kosmischen Willen hin. In der späteren Skorpionzeit in der Menschheitsgeschichte, in circa 6500 Jahren, werden die soratischen Kräfte alles Natürliche und Humane zerstören wollen, was okkult betrachtet mit dem Begriff des „Krieges aller gegen alle" zusammenhängt.

Doch letztlich sollen diese Wesen uns zum Guten führen, denn wenn wir uns diesen Mächten aus Bequemlichkeit, Eitelkeit und destruktiven Trieben ausliefern, werden wir in ihre Knechtschaft geraten und das ist auf Dauer sicher nicht auszuhalten. Immer wieder werden wir in den Spannungen dieser Polaritäten gefangen sein, bis wir daraus eigene Kräfte und eine Freiheitssphäre entwickeln lernen. Die guten Kräfte und Mächte können uns helfen, wenn wir uns ihnen zuwenden. Eine freie Entscheidung für diese, ist der Beginn zu einem Weg, auf dem die Finsternismächte nicht mehr so stark vereinnahmend wirken können. Sie werden uns sogar dienstbar sein, wenn das Gute in uns, ganz individuell und eigen, stark geworden ist.

So werden wir am Dunklen stark und mächtig in uns selbst, mild und gütig den Anderen gegenüber und treu und demütig mit den lichten Wesen verbunden sein. Viele neue Eigenschaften, Fähigkeiten und Kräfte kann sich der Mensch erringen, die er sich in den Auseinandersetzungen mit den Dunkelmächten selbst erarbeitet hat und die ihn allmählich befähigen, ein neues Göttergeschlecht zu bilden: Wahrhaftig und frei in der Liebe zu allen Wesen.

Licht und Finsternis bedingen folglich einen seelisch-geistigen Weg für den Menschen. Der Weg zum geistigen Licht, zum Licht des heiligen und heilenden Geistes wird seit sehr langer Zeit auf den verschiedensten Pfaden gelehrt und erprobt. Hier will ich nun weibliche Wege zur „Heiligen Geistin" ansprechen, da diese in der christlichen Esoterik noch wenig bekannt und bewusst sind. In unserer Zeit werden sie aber immer wichtiger, denn die Verwandlung der Seelenkräfte und da vor allem das erkenntnismäßige Erfassen der tieferwirkenden Kräfte und Mächte, ist eine Bedingung und Aufgabe für die Wassermannzeit, in der das Geistselbst, das höhere Ich im Menschen zumindest keimhaft verwirklicht werden soll.

Der erste weibliche Weg zum Licht schließt an die Mondenströmung an. Es ist die Einweihungsströmung der Isis. Darin sollen die unteren, mehr dem Irdischen zugeneigten Bereiche verwandelt werden. Das Mondenhafte zeigt vor allem das Unbewusste. Eine Schattenarbeit wird hier also verlangt. Unsere selbstsüchtigen Neigungen, Triebe und Leidenschaften sollen erkannt und veredelt werden. In der Reinkarnationstherapie, im Tempelschlaf oder in der Psychotherapie können verdrängte und traumatisierte Seelenanteile bewusst gemacht und dann integriert werden. Daraus ergibt sich in der Folge eine mehr weiblich geprägte Seelennatur, die archetypisch als die Mächtige und Starke, als hohe Priesterin und Magierin beschrieben ist.

Im Alten Testament schildert das Buch Judith diese weibliche Seelenart des Mondenhaften. Isis trug im alten Ägypten den Mond noch über dem Haupt. Die apokalyptische Frau steht aber auf der Mondenschale. Unser Unbewusstes soll uns tragen und nicht mehr vereinnahmen, auch nicht mehr leiten, so wie dies manche Medien und Wahrsager immer noch versuchen, die von Mondenkräften im Geiste inspiriert werden. Das Schattenhafte und Unbewusste soll immer mehr ins Bewusstsein gehoben werden, dann erst ist eine Wandlung möglich. Somit können auch die dunklen Kräfte zu unserem seelischen Wohle förderlich sein.

Im Christentum steht vor allem Maria Magdalena für diesen Archetyp der sich wandelnden Weiblichkeit. Von der Zurückgestoßenen und „Hure" zur Büßerin und Jüngerin bis zur Trägerin des heiligen Gral ging ihr Lebensweg. Die Jungfrau von Orleans zeigt zum Beispiel in der späteren Geschichte diese Kraft des Weiblichen, die gelernt hatte, mit den Gegenkräften umgehen und sie verwandeln zu können. Als Frauentyp ist es die Geliebte, die sich wandeln soll, die durch eine Katharsis hindurch muss, um frei zu werden von bindenden und klammernden Schicksalskräften.

Der menschliche Wille, das tätige Ergreifenwollen beziehungsweise auf der leiblichen Ebene und in analoger Entsprechung, ist es der „Bauch", der in dieser Isis-Strömung den Bereich der Lebensgestaltung darstellt, der selbstbestimmt, nach eigenen und höheren Motiven und Idealen neugestaltet werden kann. „Durch Nacht zum Licht".

Den zweiten Weg zum Licht nenne ich die Marienströmung. Ihr Wirkensbereich ist die Sonnenerde. Sie ist eine Geistesströmung, die sich mit dem alltäglichen und natürlichen Leben auseinandersetzt. Dies geschieht vor allem durch ein Annehmen und Erkennen des Schicksals. Wir müssen ganz auf der Erde ankommen, unser Leben tragen lernen, dann erst kann eine Heilung geschehen.

Marienerscheinungen gab es meistens immer dort, wo Menschen arm und in Not waren. Da offenbart sich eine seelische Haltung der Demut, der Fürsorge und Bescheidenheit. Diesen weiblichen

Archetypus nennt man auch: die treue Frau. Im Buch Ruth des Alten Testaments kann etwas von dieser Seelennatur erfahren werden. Im Christlichen ist es die salomonische Maria, die das Erdenleid tragen kann. Sie trägt das Geistes-Kind, die Sonne im Herzen. Und die Erde trägt in ihrem Innersten das Sonnenkind und wird so einmal zu einer Sonnen-Erde heranreifen.

Geschichtliche Persönlichkeiten sind zum Beispiel eine Hildegard von Bingen oder eine Mutter Theresa, die diesem Archetypus nahe kommen.

Der Archetyp der Mutter wird in diesem Geistesstrom erhöht. So wie die Isis-Geliebtenströmung eine Katharsis, eine Läuterung und Buße durchleben muss, so die Mutterströmung eine Pieta. Die geistige Übung darin ist vor allem das Gebet. In einer Gottergebenheit und in einem Engelsvertrauen wird das Fühlen und damit das menschliche Herz einmal zu einem Ort der Schicksalsheilung gereichen können.

Der dritte Weg zur Heiligen Geistin ist uns durch die sophianische Weisheitsströmung gegeben. Eine Erkenntnisarbeit wird verlangt, die kosmische Dimensionen ergreifen kann. In der Arbeit mit der Sternenkunde, mit Edelsteinen, mit Göttermythen und mit den großen Kunstwerken in der Geistesgeschichte können kosmische Prinzipien deutlich werden. Dabei muss sich die Seele selbst zurücknehmen, rein und demütig sein. Der weibliche Archetypus der milden Frau führt hin zur Himmelskönigin.

Das Buch Esther im Alten Testament offenbart diese weibliche Qualität, die in der Apokalypse als die Frau mit den Sternen über dem Haupt erscheint, die also mit den Tierkreiskräften begabt ist. Im Christlichen weist die nathanische Maria in den kosmischen Bereich der himmlischen Sophia hinein. Sie ist ja auch die Herrin der Musen.

Eine Sophie von Kühn, die Braut des Novalis oder auch ein klein wenig die verstorbene Prinzessin Diana aus dem englischen Königshaus, sie wurde zumindest in den Medien „vergöttert" und in den Herzen vieler Menschen verehrt, denn sie verkörpern etwas von dieser Sphäre der Braut. Die Meditation hat auf diesem Weg eine besondere Aufgabe, denn sie führt über uns selbst hinaus. Die Arbeit mit dem himmlischen Kind und mit der Weisheit des Alls, lässt uns das höhere Selbst erahnen und verstehen. Diese Weisheitsströmung arbeitet mit dem Denken und den Kräften des Hauptes.

So ersteht erst die Dreiheit eines weiblichen Weges, worin Haupt, Herz und Bauch zusammenkommen, wenn sich die Mondenkräfte sowie die Erd- und die Sonnenkräfte mit den Sternenkräften vermählen können. In der apokalyptischen Frau ist diese Dreiheit bildlich als ein Wesen vom Seher Johannes beschrieben.

Natürlich hat jede Seele zunächst ihre Anziehung und ihre Aufgabe bei einem bestimmten Weg, den sie biographisch ergreifen muss. Letztendlich gilt es jedoch, alle Nuancen und Differenzierungen in sich zu vereinigen. Dann erst wird die Seele ganz. Die Seele im Menschen steht ja für das weibliche Prinzip.

Will die Seele zum Geist, so muss sie diese weiblichen Qualitäten in sich ausbilden. Dabei helfen die Archetypen der Geliebten, der Mutter und der Braut ebenso, wie die Wesenheiten, die sich hinter den Namen der Isis, der Maria und der Sophia verbergen, sich aber immer stärker offenbaren wollen. Auch gilt es im persönlichen Leben zu erkennen, welcher Weg gerade ansteht, ist es die Schattenarbeit, das Aussöhnen mit der Welt oder die Erkenntnisarbeit an den kosmischen Gesetzen?

Kopf, Herz und Hand (Bauch) wollen und sollen zusammenwirken. So dürfen auch all unsere Seelenanteile von einem Höheren impulsiert sein. Zu leicht könnten sonst die Mächte der Finsternis, zumeist gewaltig vereinnahmend, in unsere Seele eindringen. Dies ist ja auf allen Ebenen möglich: im Bauch, im Herz oder im Kopf, vor allem durch eine Anstachelung der Leidenschaften, durch Ablenkungen im Genuss, in der Flucht vor der Realität oder in der kalten und selbstsüchtigen Wissensgier.

Die guten Mächte stehen jedoch zu allen Zeiten bereit. Sie führen, helfen und tragen immer wieder, wenn wir den Weg zum Licht ehrlichen Herzens suchen und beschreiten wollen.

Seelische Wandlungen

In vielen alten Kulturen wurde gelehrt, dass die Menschen sich auf einen tugendhaften Weg begeben sollen, um nicht den dunklen Mächten zu verfallen, denn diese haften sich an unsere Fehler und Unvollkommenheiten an. Im Mittelalter wurden, als Beispiel, die sieben Todsünden genannt, die die Seelen in sich verhärten und verschließen lassen, wenn diese nicht gezügelt oder verhindert werden. Dies wurde aber oftmals mit sehr strengen Mitteln versucht, die in inquisitorischer Weise bis hin zu Folter, Strafen und sonstigen Gewaltakten reichten.

Heutzutage kann und darf es natürlich nicht mehr um eine Kasteiung oder eine verneinende Askese gehen, wodurch wir uns äußeren, also von Außen vorgeschriebenen Sittengesetzen unterwerfen, seien sie auch wirklich gut gemeint. Der heutige Mensch soll in seinem Tugendstreben eine moralische Phantasie und eine Intuition entwickeln, für das, was der jetzige Moment an innerer Einstellung und richtiger Handlung erfordert.

Bei genauerer Betrachtung zeigt sich nämlich, dass diese „Todsünden" nur gewisse Extreme darstellen von etwas Gesundem, das aber nicht die andere Seite, den anderen, quasi den gegenüberliegenden Pol zu diesen Todsünden und damit zum Kranken und Bösen ausmacht. Keine Dualität von: das ist Gut und das ist Böse, führt folglich weiter, denn das Gute liegt meistens in der Mitte von zwei extremen Polen. Ein Mangel an seelischer Mitte lässt erst die extremen Pole wachsen oder ausufern. Das Gute kann eben in zwei Extreme, in zwei entgegengesetzte Pole abgleiten.

Die Erlösung beziehungsweise die Reinigung unseres Seelenleibes geschieht daher nicht, wenn wir nur alles Negative und Extreme meiden wollen. Wir müssen bis in unsere dunkelsten Ecken der Seele eintauchen, um dort zu schauen und zu lauschen, welche Kräfte da noch ein Schattendasein fristen. Alles will nämlich durchlebt, erkannt und gewandelt sein - zum Guten hin. Letztlich geht es immer darum, eine gesunde Mitte zu finden.

Die zwei negativen beziehungsweise extremen Pole werden von

den luziferischen, sowie von den ahrimanischen Widersachermächten impulsiert, das heißt, diese heften sich an unsere Einseitigkeiten und verstärken diese Tendenzen immer noch mehr, bis
wir irgendwann so stark daran leiden werden, um sich allmählich
und mit vielen Mühen daraus befreien zu wollen.

Das christliche Element findet sich im Ausgleich und in der Steigerung der Polaritäten zum Guten hin. Christus lässt uns dabei
immer die individuelle Freiheit. Die Widersachermächte dagegen
bedrängen und verführen.

In und bei einer freien und selbstbestimmten Entscheidung kann
es im praktischen Leben sehr wohl auch einmal notwendig sein,
mehr in eine extreme Haltung hineinzugehen, denn die gesunde
Mitte ist nicht statisch festgelegt. Sie muss flexibel sein und sich
der jeweiligen Situation anpassen können.

So nützen heute äußere Verhaltensmaßregeln meistens nicht mehr
viel. Das Streben nach Wahrhaftigkeit, nach innerer Ehrlichkeit
und das Handeln zum Wohle des Ganzen können unsere Motive
sein, die wir liebevoll in die Welt tragen wollen.

So will ich hier eine Aufstellung von Tugenden und Untugenden
anführen, die einen Überblick verschaffen, wohin, das heißt, in
welche Extreme die Seelenkräfte zum Negativen hingeführt
werden, um sich nach und nach daraus herauslösen und eine gesunde Mitte finden zu können. Lange Zeit wird es aber erst einmal
so sein, dass das „Pendel" von einem Extrem zum anderen um-
schlägt, bis wir endlich und immer wieder neu die Mitte er-
gründen. Und dies auf allen sieben planetarischen Ebenen, in und
auf denen sich die Seele entwickeln darf.

Die zwei extremen Seiten sind hier mit den Wesen genannt, die im
Okkultismus diese Extreme bewirken. Luzifer verführt dabei zum
schönen Schein, zur Selbstsucht und zum persönlichen Genuss.
Ahriman will die Seele an das Irdische so fesseln, dass diese den
„Himmel" vergisst. Der Mensch soll nur noch ein nützliches
„Rädchen" im Getriebe eines technischen, wirtschaftlichen und
finanziellen Molochs sein, ohne eine wirkliche individuelle Frei-
heit und ohne einen schöpferischen Geist.

Der Luzifer-Pol	Die gesunde Mitte	Der Ahriman-Pol
♄		
Geiz, Selbstsucht, der Hagestolz, Maßregeln und Bestimmen wollen	Bescheidenheit, Selbstlosigkeit, Verantwortlichkeit, Treue, Achtung	Verschwender (Müll), Plünderer (z.B. Rohstoffe), kalter Rechner aus Eigennutz, Schänder
♃		
Hochmut, Stolz, Eitelkeit, Größenwahn	Wohlwollen, innere Größe, Güte, Demut, Optimismus	Minderwertigkeitsgefühl, Kleinlichkeit, Pessimismus
♂		
Zorn, Ärger, Bitterkeit, Gewalt, Sturheit, Verbissenheit, Fanatismus	Mut, Durchsetzung, Selbstbehauptung, Initiative	Feigheit, Enge, Ängstlichkeit, Nachtragend und beleidigt, Rückzug, Isolation
☉		
Trägheit, Lähmung, Bequemlichkeit Lauheit	Schöpferisches Tun und Gestalten in Besonnenheit, Gelassenheit und Gleichmut, Warmherzigkeit	Hektik und Stress, Konfus und Zerfahren, Zwanghaftigkeit
♀		
Wollust, Geilheit, Begierde und Leidenschaft, Lüstling	Sinnesfreude und liebevolle Wärme, sich öffnend und zeigend, Ästhetik, Schönheitssinn	Spröderie, Verschlossenheit, Banause
☿		
Neid, Eifersucht, Schwatzsucht	Zufriedenheit, Interesse, Kommunikation, Humor	Desinteresse, Ablehnung, Nörgelei

33

☽

| Völlerei, Gier, Habsucht | Wohlgefühl, Natürlichkeit, maßvolles Genießen, An- und Aufnehmen | Verachter, Asket, Puritaner |

In den Planetenqualitäten urständen archetypische Kräfte des Seelenlebens. Will die Seele wachsen und sich erweitern, muss sie letztendlich alle Ebenen des Seelischen durchlaufen, erkannt und vollendet haben, das heißt, sie muss die einzelnen Kräfte handhaben, ausgleichen und integrieren lernen, so dass diese uns nicht mehr beherrschen, sondern dem eigenen Leben dienstbar gemacht werden können. Schließlich wird die Seele einmal so stark sein, dass sie immer mehr mit Wesenheiten in Berührung kommt, von denen die Kräfte des Guten, also die der gesunden Mitte ausgehen. In den Attributen der Mitte ist uns folglich ein Weg vorgegeben, nämlich von der Seele zum Geist. Der Geist im Menschen soll letztlich bestimmen, welche Seelenkräfte wir annehmen und verwirklichen wollen. In einer gesunden und positiven Seelenlage wird sich der Geist im Menschen mit der geistigen Ausrichtung im Kosmos, mit dem Weltenwillen verbinden können. Dadurch wächst der Mensch allmählich mit seiner ursprünglichen geistigen Bestimmung zusammen. In dieser findet er seine Aufgabe in und für die Welt. Und in dieser Aufgabe wächst uns allmählich eine Erfüllung zu, in der wir ein inneres Wachstum, eine seelische Erweiterung und einen erfüllenden Sinn erfahren dürfen.

Berufung

Viele Zeitgenossen sind es heutzutage, die durch die Lebensumstände gezwungenermaßen ihre Arbeit, ihren Job tun, ohne darin eine große Erfüllung zu erfahren. Sicherlich ist jede Arbeit irgendwann auch Routine und mehr oder weniger mühselig. Freude an der Arbeit zu bekommen, ist daher eine „doppelte" Arbeit.

Die mühelose Mühe, die Konzentration auf eine Sache ohne Anstrengung will gelernt sein. Zuerst bedarf es meistens ziemlich große Anstrengungen bis die Arbeit, bis das Werk endlich mühelos gelingt. Auf die innere Haltung kommt es letztlich an. „Nur den, der strebend sich bemüht, können wir erlösen ..." (Goethe).

Ist die Ausübung eines Berufes, wenn er auch mit Verantwortung, Können und Erfolg einhergeht, aber schon eine Berufung?

Sicherlich gibt es Berufe, die zugleich eine Berufung sind, wie es zum Beispiel der Priester-, der Arzt- oder Lehrerberuf sein kann. Jeder Beruf kann sich theoretisch gesehen aber zu einer Berufung hinentwickeln.

Heißt Berufung nicht auch „gerufen" werden? Von wem soll man dann gerufen werden?

Das möchten doch viele Zeitgenossen hören, die ihre Lebensaufgabe noch nicht gefunden haben. Sollen wir uns vielleicht selbst rufen, zu etwas, das wir selbst bestimmen?

Die Frage: „Was will ich im Leben, wer bin ich und was bin ich oder was will ich sein?", berührt unsere irdische Persönlichkeit. Diese soll sich immer stärker selbst bestimmen lernen. Da schweigen die Götter. Die Persönlichkeit des Menschen ist in dessen Freiheit gestellt. Da dürfen und sollen wir tun, was wir selbst für richtig halten. Natürlich müssen wir dafür die Konsequenzen, seien sie irdischer oder karmischer Natur, selber tragen.

Doch es gibt noch eine zweite Frage, mehr im Inneren der Seele. Die erste Frage, die die Ausbildung der irdischen Persönlichkeit zum Ziele hat, wird uns meistens aus den irdischen Lebensanforderungen gestellt. Da gilt es, Geld zu verdienen, die eigenen Fähigkeiten auszubilden und der Mitwelt gegenüber nützlich zu sein, so dass wir für die Anderen arbeiten und diese dann auch für uns. Daraus erwächst schließlich ein sozialer Zusammenhalt.

Die zweite Frage ist mehr ein innerer Trieb, wie eine zart hörbare Stimme, die uns zurufen kann: „Was soll ich tun, wer soll ich sein, wie und was soll ich sein?"

Nicht mehr der Eigenwille darf dabei bestimmend sein. Das höhere Wesen, unser höheres Selbst raunt uns diese Fragen und Wünsche in besonderen, meist krisenhaften Lebenssituationen und Umbruchzeiten immer wieder zu. Unser inneres Wesen drängt nämlich nach einer Erweiterung und Erfüllung. Letztlich soll und will die Persönlichkeit, der irdische Mensch mit seinen Verpflichtungen und Aufgaben in der Welt und der innere, der höhere Mensch mit seinen Idealen zusammenkommen. Der mikrokosmische und der makrokosmische Mensch sollen sich miteinander verbinden, damit das irdische Leben geistdurchtränkt gestaltet werden kann. Dies erschafft erst eine wirkliche innere Zufriedenheit.

Doch wie erfahre ich den höheren Menschen in mir? Woher weiß ich, was meine geistige Bestimmung wirklich ist? Niemand ruft mir etwas zu, nur ein inneres Drängen verspüre ich.

Wenn, theoretisch einmal angenommen, zwei Seiten einer Sache vorhanden sind, mit welcher beginne ich zu arbeiten, ohne in einen Widerstreit mit der anderen zu kommen?

Die Persönlichkeit ist uns in der jetzigen Menschheitsepoche zunächst naheliegender als die Erfahrung des höheren Ich's. Sie setzt deshalb den ersten Schritt aus freier Entscheidung und aus der Erkenntnis der gegebenen Möglichkeiten - und lauscht und wartet, was nach diesem ersten Schritt aus der Welt und aus dem Inneren der Seele entgegenkommt. Bin ich noch im Einklang mit mir selbst? Das ist das Entscheidende. Ehrlichkeit gilt es hier zu üben. Was sind meine wirklichen Bedürfnisse - oder sind meine Ideale und Ideen nur aufgesetzt? Nichts verdrängen! Reif werden für den nächsten Schritt.

Immer wieder gilt es beim Beschreiten eines neuen Weges, mit sich selbst zu kommunizieren, aber auch mit Freunden und Bekannten, die uns raten oder uns auch nur einen Spiegel vorhalten können.

Was sagt mein Kopf, mein Bauch und dann mein Herz? Muss ich vielleicht erst noch alte, unverarbeitete Dinge klären oder Nichtgelebtes ins Dasein rufen, das im Dunkeln der Seele harrt und drängt, bis es seelisch ausgelebt und integriert ist, um erst danach weiterschreiten zu können?

In der Einheit von inneren Bedürfnissen, von Verstandes- und Erkenntnismotiven und den Herzenswünschen erwächst allmählich ein Selbstvertauen und eine Selbstsicherheit auf meinem Weg, den nur ich selbst beschreiten kann. Da kann mir niemand Wegweiser sein. Jeder muss seinen Weg selbst finden. Ich folge der inneren Stimme, dem „Stern" in mir.

Bin ich im Einklang mit den äußeren Taten und den inneren Impulsen, so leuchtet mein Stern in mir auf. Er leuchtet durch die Schicksalsaufgabe - im Annehmen und Integrieren, auch von Schattenseiten. Er beleuchtet die Seiten in mir, mit denen ich noch hadere, die ich noch nicht annehmen und lieben kann.

Erlieben, auch das Dunkle und Unvollkommene, heißt annehmen, integrieren und erlösen. Alles was mir begegnet, im Innen und im Außen, es gehört zu mir. In dieser Einstellung werde ich mich erst wirklich annehmen und mit der Zeit auch selber lieben können.

Wir sind alle eben so, wie wir geworden sind. Und das ist auch gut so. Denn wir können gar nicht anders sein. Es gibt eben einen Teil in uns, der noch unvollkommen ist, aber auch den idealen, den gottgewollten, den gottebenbildlichen Menschen tragen wir in uns. Zu diesem dürfen wir uns hinwenden. Daraus empfangen wir die Impulse zur Wandlung und Verbesserung unserer Persönlichkeit. An dieser dürfen wir uns erproben und dabei neue Fähigkeiten entwickeln. Daher ist das Unvollkommene und Fehlerhafte unser bester Lehrmeister. Erlieben wir auch dieses und streben dem „Höheren" zu, so werden wir selbst mit der Zeit zufriedener, ausgeglichener und liebender. Und das hat wiederum eine Wirkung auch auf die äußere Umgebung.

Die Welt, die Anderen und alles Sein dürfen wir so sein und leben lassen, wie sie eben sind. Kritik an der Welt deutet nur darauf hin, dass wir mit uns selbst noch nicht in Frieden leben können. Die Welt des „Anderen" ist seine Welt, die er selbstbestimmt gestalten darf. Meine Welt will ich ja auch selbst so gestalten, wie es mir beliebt.

Ist darin aber nur ein subjektives, vielleicht auch nur ein egoistisches Motiv zu sehen? Wo ist eine objektive Ebene, wohin kann ich mich als Subjekt wenden und orientieren, so dass ich nicht nur in persönlichen Wünschen und Bedürfnissen steckenbleibe?

Wie leicht sind doch die Anderen durch mein eigenwilliges Tun verletzt, übergangen oder benachteiligt.

Die Welt ist wahr, für jeden von uns. Im gewöhnlichen Denken, Fühlen und Wollen spricht sich zunächst der persönliche Mensch aus. Die Persönlichkeit ist aber subjektiv. Ich bin das Zentrum in mir. Unser höheres Wesen ist jedoch objektiv. Es ist wie die objektive, die äußere Welt eben ist. Es enthält und umfasst die geistigen Qualitäten des Pflanzlichen, des Tierischen, des Mineralischen und des Göttlich-Moralischen. Eine objektive Sichtweise erüben wir, wenn unser Denken, Fühlen und Wollen sich immer mehr in die Welt hinein erweitert. Bleiben wir mit unseren Seelentätigkeiten nur bei uns, in unseren Trieben und in den vielfältigsten Neigungen, Wünschen, Begierden und Alltagsanforderungen stecken, können wir die Welt nicht wirklich verstehen.

Üben wir uns, sich in den „Anderen" hineinzuversetzen, ihm zuzuhören, ihn sein lassen, wie er eben ist und ihn verstehen und erlieben zu lernen, ganz er selbst zu werden, ohne Forderungen, bedingungslos, so kann sich sein Wesen in uns aussprechen. Sein Wesen, wie auch das Wesen der Welt, der Pflanzen, der Tiere und Menschen, sie erwecken wiederum unser inneres Wesen, bis unser höheres Ich daran immer mehr erwacht.

So ruft uns die Welt zu: Erwache und steige auf zu immer höheren beziehungsweise dringe ein in die tieferen Ebenen des Sein's, in der Welt, im Du und in dir selbst.

Das höhere Ich lebt in allem - im Allgemeinen, im Objektiven und im Moralischen. Im Menschen will es individualisiert werden, das heißt, es will sich mit der Persönlichkeit zusammentun. Damit kann auch die Persönlichkeit, das Subjekt eine objektive Ausrichtung erhalten und damit objektivierend wirken. Indem sich der irdische Mensch nach Innen und nach Außen ausrichtet, sonnenhaft, zum „Ich bin" sich wandelnd, wird die Persönlichkeit, werde „ich" zum Träger eines geistigen Prinzipes, dann einer geistigen Idee und schließlich zum Träger eines geistigen Wesens, das ich letztlich selber bin. Immer mehr kann das höhere Ich in dieser Weise tätig und führend werden, im irdischen Leben und im Seelensein, damit sich die Persönlichkeit weiter und weiter zum Tugendhaften hinentwickeln kann. Daraus erwächst allmählich ein Handeln zum Wohle des Ganzen, im Sinne des Objektiven, im Sinne der großen Welt der Wahrheit, der Weisheit, der Liebe und der Güte.

So denke ich, dass es heutzutage auf diesem Wege vor allem darum geht, in sich selbst einen „Tempel" zu erbauen, in den die göttlich-geistigen Kräfte und Wesen der moralischen Tugenden und Werte des Guten einwohnen können. Dieser Tempel des inneren Lichtes, der Liebe und des Lebens darf wachsen und stark werden, bis er von selbst nach Außen leuchtet. Dann ist die Zeit gekommen, wo nicht mehr wir, in unserem kleinen Ich das weitere Tun bestimmen, denn das innere Licht zieht die Wesen an, die seiner bedürfen. Allmählich kommt dann die Aufgabe, die Berufung, zu wirken in der Welt, von ganz allein. In dieser Aufgabe können wir tun, was wir wollen, in welchem Beruf auch immer. Das innere Licht wird all unsere Handlungen segnen und gedeihen lassen. Die Frage nach dem Beruf oder der Berufung ist darin aufgelöst. Der Ruf erfolgt von Innen, vom inneren Gral und von Außen, von der Welt zu gleicher Zeit. Innenwelt und Außenwelt werden sich harmonisch ergänzen. Im Licht, in der Liebe und im Leben des inneren Schreins ist uns Gewissheit, Kraft und ein Ziel gegeben, das auch in den Alltag als ein Quell des Guten zu leuchten vermag. Dieses innere Licht, diesen Stern zu suchen ist unsere Berufung, ist der Ruf der Welt an uns. Wohlan, so lasst uns suchen und bilden: den inneren Menschen, den Tempel des Lichts.

Schattenarbeit

Zur Schattenarbeit gehört natürlicherweise vor allem die Arbeit an und in den eigenen Seelengründen. Die Mitwelt spiegelt und zeigt oftmals auf, was wir im eigenen Inneren nicht sehen wollen oder verdrängt haben. Das können negative Verhaltensweisen sein, über die ich mich bei meinem Nächsten ärgere oder aber auch Talente und Begabungen, die noch nicht genügend gefördert wurden. Der Schatten muss ja nicht schlecht sein. Er hilft uns letztlich in unserer seelisch-geistigen Entwicklung, wenn wir ihn erkennen und an ihm uns weiterentwickeln, das heißt, an ihm neue Fähigkeiten erlernen. Dadurch können wir ihn wandeln.

Doch mit dem seelischen Schatten alleine ist es noch nicht getan. Es gibt unter anderem nämlich noch einen kollektiven Schatten, wie zum Beispiel den Doppelgänger des Zeitgeistes oder den eines Volkes oder eines Stammes, ja sogar den einer Familie oder einer sonstigen Gruppierung.

Hier soll zunächst der „Zeitschatten", also quasi der Doppelgänger unserer Kultur angeschaut werden. Allein schon die Betrachtung des 20. Jahrhunderts kann einen vermehrten Aufschluss über dieses schwierige Phänomen bringen. Zu Beginn des 20. Jahrhunderts erlebte Mitteleuropa eine wunderbare Aufbruchstimmung. In der Hinwendung zum Natürlichen, zum Beispiel in den Wandervogelbewegungen, in der Kunst, wie im Jugendstil, bei den blauen Reitern und vielem mehr oder auch im spirituellen Bereich, in der Theosophie und Anthroposophie oder in anderen gesellschaftlichen Gebieten wie der Pädagogik und Psychologie, können wir Impulse eines fortschreitenden Zeitgeistes und den damit verbundenen Volksgeistern erkennen.

Mit Ausbruch des ersten Weltkrieges wurden diese Impulse jedoch sehr stark korrumpiert oder gar vernichtet. Der Doppelgänger beziehungsweise der Dämon des Zeitgeistes begann zu wirken. Undurchschaute kollektive Kräfte, die sicherlich auch aus karmischen Untergründen stammen, können zu einem Einflussbereich für bestimmte Widersachermächte gelangen. In vielen Schichten der Bevölkerung war damals nämlich noch ein beträchtlicher Militarismus und Antisemitismus vorhanden. Heute, so scheint es, erscheinen diese „Gespenster und Dämonen" wieder, um noch einige Zeitgenossen in ihren Bann schlagen zu können.

Nach diesem ersten Welt-Krieg gab es noch zahlreiche politische und gesellschaftliche Impulse, die versuchten, den „Karren" in das rechte Fahrwasser zu lotsen. Doch die dunklen Schattenmächte wurden immer stärker. Im zweiten Weltkrieg wurden alle fortschrittlichen und humanistischen Keime erstickt. Mitteleuropa war zerstört. Der Zeitgeist konnte damals seine gesunden und humanistischen Impulse nicht genügend zu den wachen und aufgeklärten Menschen bringen. Die Mehrheit wurde verführt durch Militarismus, Gewalt, Verblendung und einem kollektiven Größenwahn. Die Licht-, Liebe- und Freiheitskräfte in Europa wurden dadurch in ihr Gegenbild verzerrt.

Nach dem zweiten Weltkrieg entstand zunächst ein geistiges Vakuum, man war gänzlich abgekommen von den Idealisten, den Romantikern, den Wandervogel- und sonstigen Reformbewegungen. Ein nackter Überlebensdrang hatte zunächst ganz andere Sorgen und Interessen. Das Nachkriegs-Wirtschaftswachstum, der Kapitalismus breitete seine Schwingen über die westliche Hälfte des geteilten Europa aus. Ein „Schwarz - Weiß" Denken war angesagt, wie eben im kalten Krieg. In den neuen Verfassungen gab es aber auch positive Ansätze für die Gesellschaft und ihren zukünftigen Gestaltungswillen. Ansonsten herrschte der Geist des Mammon. Erst mit den Studentenrevolten und der „Hippiebewegung" gelang in den sechziger und siebziger Jahren wieder ein Aufbrechen der festen, spießbürgerlichen Gesellschaftsstrukturen. Eine neue Zeit begann zu wirken, die sogenannte Wassermannzeit.

In den siebziger und achtziger Jahren des 20. Jahrhunderts kam es dann auch zu enormen Fortschritten im Bereich der Friedensarbeit, der Ökologie und der Emanzipation der Geschlechter. Ein Freiheitsgeist wehte durch die Welt. Doch schon in den neunziger Jahren drehte sich der Wind. Eine wachsende Arbeitslosigkeit, die sicher von manchen Kreisen gewünscht ist, wurde zu einem gesellschaftlichen Problem. Ein neoliberales Wirtschaftsgebaren machte sich breit. Das Arm - Reich Gefälle wird seither größer und größer. Der Einzelne schaut oft nur noch, dass er für sich und die „Seinen" genügend abbekommt. Ein grenzenloser Egoismus wird zunehmend geschürt. „Geld regiert die Welt". Ein Turbo-Kapitalismus will die Menschen und die Erde ausbeuten, zugunsten einer kleinen „Elite", die die Welt beherrschen will.

Wo sind die Ideale der Freiheit, der Gleichheit und vor allem der Brüderlichkeit geblieben? Nichts tut heute mehr Not, als sich mit dem guten Zeitgeist zu verbinden.

Michael kämpft mit dem Drachen, dies ist das okkulte Bild für unsere gegenwärtige Situation. Dieser Drache scheint durch die Digitalisierung, durch übermäßigen Konsum und durch ein Geldwesen, das sich von „selbst", also nicht durch persönliche Arbeit, vermehren soll, bereits viele Menschen in seinen Bann gezogen zu haben. Despotische und autoritäre Poltiker sind auf dem Vormarsch. Das wird sich die nächsten Jahre noch steigern, denn die Signatur der Zeit erfordert von uns die Auseinandersetzung mit den Kräften der untersinnlichen und denen der vereinnahmen wollenden Welt. Letztendlich hilft dann nur noch eine Hinwendung zu den humanistischen Idealen und zu den menschheitsführenden und fördernden Wesen. Je mehr Menschen sich mit dem guten Zeitgeist verbinden, um so mehr wird er zukünftig ins Erdenschicksal einwirken können. Das zeigte sich vor allem in den achtziger Jahren des vorigen Jahrhunderts, als durch die Aktivitäten der Friedensbewegung die Mauer zwischen Ost und West zerbrach.

Leider kämpfen viele Zeitgenossen, die für eine freiere und gesündere Welt plädieren, oftmals nur gegen die Dämonen der Zeit und deren Mechanismen in den gesellschaftlichen Strukturen an und verlieren dadurch viele Kräfte für die guten Ideen und Taten, die es natürlich immer auch noch gibt. Viel positives Potential bleibt dadurch ungelebt. Zwar ist es notwendig, Fehlerhaftes aufzuzeigen und ins Bewusstsein der Menschen zu bringen, wie gewisse

Machenschaften der WTO, des IWF, der Weltbank beziehungsweise der Börsen, Fonds und Finanzeliten mit ihren neoliberalen Globalisierungsbestrebungen, die vor allem den Konzernen, den Reichen und Mächtigen nützen und die damit alles Menschliche, alle humanen Werte und demokratischen Errungenschaften korrumpieren können. Doch das Fehlerhafte, das Unmenschliche und Schattenhafte ist immer die Negativseite beziehungsweise die Abwesenheit von etwas Gutem. Und dieses soll schließlich gestärkt werden. Richtet man seine Aufmerksamkeit zu stark auf die Vertreter des Dunklen, so stärkt man diese noch. Wohin man seine Aufmerksamkeit lenkt, dahin fließt die Energie, das ist ein geistiges Gesetz.

Eine spirituelle Besinnung auf den Volks- und Zeitgeist mit seinen Werten und Idealen für eine fortschrittliche Menschheitsentwicklung lässt uns die geistig-kulturelle Strömung finden, auch die Menschen, mit denen wir geistig zusammenarbeiten können. Der Doppelgänger des Zeitgeistes will letztlich verhindern, dass wir unsere Geistgemeinschaft finden und damit unsere Erfahrung als ein individuelles Geistwesen negieren, das sich in einer Gemeinschaft mit Gleichgesinnten zusammentut und sich in dieser am Besten entwickeln kann. Dagegen impulsiert er die Neigung, sich nur noch mit seinem Leib und seinen Äußerlichkeiten, seiner Bequemlichkeit und seinen Eitelkeiten zu identifizieren. Die Spaßgesellschaft ist Ausdruck dieser Zerstreuungssucht: weg von den tieferen, innerseelischen Beweggründen und Aufgaben.

Der Doppelgänger des individuellen Menschen, der Doppelgänger des Ich will die Seele nur an den Leib binden und darin fesseln, so dass der Mensch sein wahres Wesen vergisst. Natürlich sollen wir unseren Leib pflegen und lieben. Er ist unser Werkzeug, unser Vehikel für das Wirken in der Welt. Der Leib ist aus dem Götterwirken entstanden und zeigt einen eigenen Lebensstrom, ausgedrückt durch die Vererbungsgesetze. Damit prägt unser Leib auch unser Seelensein. Er gibt uns das Schwere und Feste. Durch den Leib haben wir Verbindung zu den Erdkräften. Im Leib wirkt aber auch der sogenannte geographische Doppelgänger. Er macht es möglich, dass wir uns getrennt von allem Anderen empfinden. Durch den Leib, durch die Trennung von der umgebenden Welt, kommen wir nämlich erst zu einem Selbstbewusstsein.

Auf einem geistigen Schulungsweg, durch Meditation und durch geistige Übungen, können wir uns im Innenleben als unabhängig vom Leib erfahren. Der innere Mensch steht über dem Leib. Er benützt und veredelt ihn. Ich bin nicht mein Leib. Ich bin Geist!

Der Leib ist anzunehmen, wir dürfen ihn lieben, auch die „unvollkommenen" und kranken Anteile. Wir sollen ihn aber nicht missbrauchen und plündern, so wie wir es oftmals tun und in analoger Entsprechung mit unserer Erde ebenso. Den Leib beziehungsweise dann auch den ursprünglichen, den heimatlichen Ort auf der Erde sollen wir auf dem Schulungsweg erweitern und überwinden. Er darf uns nicht mehr festhalten und begrenzen. Der Mensch ist viel größer als sein Leib. Er ragt bis in den weiten Kosmos hinein. Das Doppelgänger-Ich, unser Ego, will uns dagegen klein halten, nur auf uns selbst zentriert, abgekapselt von der makrokosmischen Welt, nur dem Irdischen zugetan.

Eine Kasteiung und Negierung des Leiblichen, so wie in manchen religiösen Schulen oder wie in bestimmten geschichtlichen Zeiten geschehen, zeigt aber nur das andere Extrem. Es ist daher auch eine Aussöhnung mit dem eigenen Körper gefordert. Wie oft wurde er, auch von uns selbst misshandelt und geschädigt?

Der Leib ist schön. Er ist ein Götter- und ein Erdengeschenk. Er hilft uns innerlich, das heißt, seelisch zu wachsen in der Auseinandersetzung und in einer Achtung mit ihm und für ihn. Der Leibeskörper braucht somit sehr viel Liebe. Damit kann er am ehesten gesunden. Durch den Leib haben und erfahren wir eine Erdverbindung. Lieben wir unseren Leib, so lieben wir die Erde.

Ja, wir dürfen auch unseren leiblichen Doppelgänger lieben. Er schafft das Feste und die Schwere des Leibes, was nicht immer nur angenehm ist. Er hat seine Aufgabe im Strukturieren und Zusammenhalten des Leiblichen. Wir selbst dürfen lichte Seelen- und Geisteskräfte hinzubringen, die dem Leib die Schwere nehmen, ihn durchlichten können. Von Innen her die Leichte, das

Lichte: durch eine Ästhetik und Zartheit, durch eine Liebkosung des Leibes und durch ein geistgetragenes Leben im Einklang mit den kosmischen Werten und Gesetzen. Dann trägt uns der Leib freundlich und stark durch die Schicksalsaufgaben hindurch.

Identifizieren wir uns dagegen ausschließlich oder zu stark mit sinnlichen und leiblichen Trieben und Gelüsten, so täuscht uns der leibliche Schatten über die wahren Ziele des Menschen und nimmt uns gefangen, bis in der Folge zahlreiche Krankheiten entstehen können. Der Leib ist uns zwar individuell gegeben, doch er entstammt ursprünglich aus dem mütterlichen Leben eines irdisch-kosmischen Leibes. Diese kosmisch-lebendigen Kräfte sind natürlich in jedem Leib vorhanden, sie dürfen nur nicht geschändet werden. Sie verdienen eine Achtung und eine Fürsorge.

Das höhere Ich ist unabhängig vom Leib. Es lebt im Verbund mit geistigen Werten und Wesen. Von diesen erhalten wir geistige Impulse und Ideale, die es gilt, zur Erde, ins Leben zu bringen, in die Zeit und in den Leib hinein.

Da, wo wir noch nicht genügend im inneren Einklang sind mit unserem höheren Ich, da macht sich der Doppelgänger breit. An ihm müssen wir arbeiten. Es gilt, diese Schattenbereiche bewusst zu machen und mit Liebe zu erfüllen - auch den Doppelgänger. Ansonsten wird er uns so lange peinigen, bis wir seine Aufgabenstellungen annehmen. Eine durchichte Liebekraft vermag dies. „Ich bin Liebe".

Die menschliche Liebe ist immer durchtränkt mit der Gottesliebe. Denn die Liebekraft kommt von Gott. Im Menschen kann sie individualisiert sein und natürlich verschiedene Facetten annehmen, auch bis in verzerrte Auswüchse hinein. Jedoch, wenn wir andere Menschen lieben, so nähern wir uns immer auch ein Stückchen in die Richtung zur Gottesliebe hin, die bedingungslos, schaffend und erhaltend die Welt bewirkt. Es will und kann die menschliche Liebe wachsen und sich beständig erweitern und vermehren, Grenzen sprengen und sich schließlich mit dem göttlichen Ursprung vereinen.

Die Liebe überhöht alles natürliche Sein, wenn sie nicht nur selbstsüchtig und nach persönlichen Wünschen gebraucht und gelebt wird. Wir sollen und dürfen deshalb unser Leben, unser Schicksal, unsere Lebensaufgabe und unseren Leib bejahen. Liebe dein Leben!

Die Liebe verbindet das Licht, das höhere Sein mit dem natürlichen Leben, also auch das eigene Bewusstsein mit dem der Welt. Sie überragt, veredelt und erhöht alles. Die Liebe soll uns führen, auch in das Schattenreich hinein. Sie leuchtet dann bis in die dunklen Ecken der Seele. Da können wir die eigenen Abgründe wahrnehmen. Die Selbstsucht, die Lügen, die Resignation, die Ängste, die Flüche und die Zweifel sollen überwunden werden. Darin zeigt sich ein Einweihungsweg im Alltäglichen. Der Weg zum Licht des Geistes führt eben durch die Nacht der Seele und des Leibes. Wir brauchen dafür ein wärmendes Feuer der Liebe in unserem Inneren. Es gilt, die Begeisterung für das Licht der Wahrheit in sich zu erwecken. Dies können wir erreichen, wenn wir im Herzen offen sind. Den Geist der Wahrheit und das Licht der Liebe sollen und dürfen wir in das offene Herz, in das sich weitende Herz einfließen lassen.

Immer strebsam und sich mühend, ohne Verkrampfungen und Falschheiten, wachsen wir allmählich in dieses Liebeslicht hinein. Wir fühlen uns sodann zuhause in diesem Licht, in unserem hohen Ich. Eine innere Sonne beginnt vermehrt in uns zu leuchten. Im Liebes-Herzensraum brennt ein Feuer, das alles Unreine vertilgt und als Wärmeliebekraft in die Welt ausstrahlen und diese damit veredeln will.

Im Herzenslicht offenbart sich die Weisheit des Alls, die in uns eine Wohnung nehmen will. In der Weisheit und Liebe der himmlischen Mächte erfährt der Mensch sein wahres Sein.

Die Schlüssel

Zu einem Schlüssel gehört ein Schloss, das damit verschlossen oder geöffnet werden kann. Schlüssel und Schloss dienen beide dazu, um eine Tür oder ein Tor öffnen und schließen zu können. So ist es zumindest im materiellen Dasein.

In diesem Abschnitt soll es nun darum gehen, die Schlüssel zu finden, die den Weg frei machen, die die Türen öffnen können in die geistige Welt hinein. Da steht uns kein materielles Hindernis im Wege, denn es sind die eigenen seelischen Schwingungen und Höhen, die eine innere Verbindung mit geistigen Qualitäten und Wesen herstellen können.

Auf dem Weg der Seele zum Geist muss sie sieben Türen öffnen können. Manchmal sind es auch „Höhlen", in die wir zuerst eintauchen müssen, um gewahr zu werden, was darin noch alles an Unerlöstem schlummert.

Diese sieben Türen sind die aktivierten Chakrenebenen, in die wir durch entsprechende geistige Übungen eintreten dürfen. Dabei sind verschiedene Stufen und Ebenen zu durchlaufen, die wir ohne geistige Hilfen nur sehr schwer meistern können. Diese Hilfen und Helfer stehen uns gerne zur Verfügung, wenn wir sie in ehrfurchtsvoller Weise darum bitten.

Zuvorderst ist der Christus selbst die Tür zur Welt des göttlichen Geistes. Im Bereich des Ätherischen und im Astralischen sind uns zudem aus dem Ur-Kosmos, aus der Welt des göttlichen Vaters Hilfen geschenkt, die uns diese Sphären durchdringen und durchlichten helfen, obwohl diese schöpferischen Vaterkräfte sich allmählich immer stärker von der Erde zurückziehen, wenn sie nicht von den Christuskräften durchdrungen und erneuert werden.

Durch Christus ist für uns Menschen die Welt des Vatergöttlichen, die ursprüngliche Welt des Lebendigen in einer erneuernden Weise geschenkt worden. Diese Vater-Mutterkräfte des Elementarischen und Natürlichen bedrängen und vereinnahmen heute nicht mehr so stark wie noch in früheren Zeiten. Sie sind nämlich in die Obhut und in die Freiheit des Menschen gestellt, denn Christus verkörpert das göttliche Freiheitsprinzip im Kosmos. Die kosmische Christuskraft stärkt und erneuert die Urkräfte und Wesen des Lebendigen, auch in uns, wenn wir uns ihm zuwenden wollen. Sein Lebensgeist durchdringt die ätherische Erde von innen her und bringt ihr die Kraft und Fülle des kosmischen Lebens und Geistes. Dadurch sind die geistige Erde und die geistige Sonne wieder vereint, denn ihrer beider innerstes Wesen ist der Christus selbst. Diese Vereinigung ist bis in die Sphäre der Elementar- und Naturgeister hinein zu erfahren, weil viele davon in die Christus-Erdensphäre aufgenommen worden sind und dadurch dem Menschen in seinem inneren Lebens-Gefüge beistehen können.

Auf der elementaren Ebene, im Bereich des Lebendigen sind vor allem die Pflanzendevas, die Gruppenseelen der Pflanzen beziehungsweise der Geist einer Pflanze hilfreich, um die entsprechenden Türen, Höhlen oder Chakren sicher und geschützt betreten zu können. Ein Beispiel für ein solches Wirken ist uns unter anderem in den sogenannten Bachblüten gegeben.

Nur allzu leicht ist es jedoch möglich, von elementarischen Gewalten und Wesen mitgerissen oder verführt zu werden, wenn wir die entsprechende Sphäre oder Ebene im Innerseelischen ohne Vorbereitung und ohne Schutzmaßnahmen betreten wollen. Denn in diesen Bereichen lauern vielfältige Gefahren aus traumatisierten und unbewussten Schattenenergien, die wiederum von dunklen, dämonischen Kräften besetzt werden können. Daher ist ein willkürliches Manipulieren und Experimentieren mit diesen Chakrenenergien, ohne notwendige Hilfen und Erkenntnisse heranziehen zu können, nicht anzuraten. In einem vorigen Kapitel habe ich diese sieben inneren Ebenen angesprochen mit einigen Pflanzen dazu. Innerlich sich mit dem Geist und Wesen einer solchen Pflanze zu verbinden, kann jedoch enorme Heil- und Schutzkräfte hervorrufen. Auch die Naturheilkunde kann ja auf der gesundheitlichen Ebene mit bestimmten Pflanzen und deren elementarischen Wesen zusammenarbeiten.

Ähnlich ist dies auf der Astralebene. Dafür stehen uns bestimmte Krafttiere zur Verfügung, so wie sie in schamanischen Traditionen gepflegt werden. Doch auch das Christentum kennt Wesen aus dem Tierreich, die symbolhaft für geistig-seelische Tatsachen und Kraftbereiche stehen und uns im Inneren führen und schützen können. In einem späteren Kapitel werde ich einige Ausführungen zu diesen Krafttieren mitteilen.

Auf der ichhaften Ebene benötigen wir ebenfalls einen Schutzgeist. Die sogenannten Schutz-Engel führen uns individuell in die Bereiche des Seelenseins, die wir zum jetzigen Zeitpunkt benötigen, erkennen und aufarbeiten können, jedoch immer unter dem Gesichtspunkt und unter der Voraussetzung der menschlichen Freiheit. Ohne unsere Bitten tun die Engel immer weniger für uns, denn wir sind in eine eigenverantwortliche Freiheit entlassen worden. So ist es immer gut, bevor wir in die innerseelischen Welten eindringen wollen, sich mit den Schutz- und Führerwesen vertraut zu machen.

Sodann können die sieben Stufen des elementarischen und des seelischen Lebens durchlaufen werden. Dabei können zunächst mannigfaltige dunkle Aspekte auftauchen. Diese sollen gewandelt werden, bis sie klar und lichtvoll erscheinen. Dann erst ist eine wirkliche Begegnung mit dem inneren Licht möglich. Ein Eintritt in die geistige Welt, ein Durchschreiten der „Tür" geschieht, wenn die Seele die gleichen „Substanzen" und Eigenschaften in sich ausgebildet hat, wie die der geistigen Welten es sind.

Eine Begegnung, ein Eintritt ist möglich, wenn Feuer zu Feuer, wenn Licht zu Licht zusammen kommen können.

Christus sagt von sich: „Ich bin die Tür". Durch ihn treten wir ein in die Christussphäre. Eine freie Verbindung des Menschlichen mit dem Göttlichen kann sich ereignen, wenn sich die menschliche Liebe und die Gottesliebe begegnen und zwar in und durch die Liebesphäre des Christus, der beide Seiten der Liebe kennt.

Die menschliche Liebe wird wachsen können, wenn sie gespeist wird von der göttlichen Liebe. Wir brauchen folglich ein Begeisterungsfeuer für die göttliche Liebe, dann wachsen wir zu ihr hin, aber bitte ohne Fanatismus, Verkrampfung und Gewalt.

Ein inneres Erkenntnisfeuer soll und kann uns zum Geist des Lichtes, zum Geist der Wahrheit emporheben. Der Wille zur Erkenntnis, zum Licht führt uns, zusammen mit einem Begeisterungsfeuer, dem inneren Feuer für die göttliche Liebe, zum und in den Geist der Erleuchtung. Ja, wir müssen eine Erleuchtung wollen und zwar aus der Begeisterung, aus der Liebe heraus - für den lebendigen, den göttlichen Geist, für das göttliche Licht.

Wir brauchen dazu vor allem eine Erkenntnis und eine Überschau für den langen und oftmals steinigen Weg, den wir bis dorthin gehen wollen. Ohne eine Zielorientierung werden wir uns sehr leicht verlaufen. Welcher Schritt ist nun für mich der nächste?

Aus geistigen Urbildern und Archetypen sind uns vielfältige Hilfen und Wegweiser mitgegeben, zum Beispiel im Tarot, in der Astrologie und in den vielen okkulten Symbolen oder auch in inneren Bildern und sogar in manchen Träumen. Sie dienen alle einer Erkenntnis. Die Herzensliebe aber weist uns letztendlich den Weg dorthin. Die Liebe, nicht aber die Neugierde oder gar die Gier zur Erleuchtung hin, ist ein Schlüssel, der uns die nächsten Schritte verrät.

Doch mit der Erleuchtung ist es ja gar nicht so einfach, diese zu erlangen. Viele suchen sie, um dem Alltag und dem irdischen Leben entfliehen zu können und gelangen dabei zusehends in luziferische Gefilde der Illusionen und des Scheinlichtes hinein. Vor der Erleuchtung steht daher immer die Reinigung, die Katharsis, die uns vor falschen Wegen schützt. Dabei gilt es zunächst zwei Komponenten zu beachten.

Uns naheliegend ist das irdische Gedächtnis, mit dem die Vergangenheit in unsere Gegenwart gebracht wird. Dieses Gedächtnis ist horizontal ausgerichtet und in der Zeit verlaufend. Die Vergangenheit gilt es damit anzuschauen, anzunehmen, aufzuarbeiten und zu integrieren.

Das himmlische Gedächtnis ist vertikal. Wenn wir uns unseres geistigen Ursprungs erinnern wollen, dürfen wir nicht auf der horizontalen Ebene suchen, sondern müssen die vertikale, die zeitlose Ebene finden. Das Bewusstsein wird dabei zum Spiegel - es lauscht, was der Geist spricht. Das transzendente Selbst will sich im empirischen, im irdischen Selbst spiegeln. Eine schweigende Erwartung, ein lauschendes Schweigen der Seele ist Bedingung dafür, dass sich ein spirituelles Gehör ausbilden kann. Eine mehr weibliche Geste der Seele und des Bewusstseins erschafft und ermöglicht ein Gedächtnis für die himmlischen Ursachen. Im irdischen Gedächtnis beziehungsweise zum Erinnern und Wandeln der vergangenen Ereignisse, zählt vermehrt ein ichhaftes Ringen und Mühen, was wiederum mehr einer männlichen Geste entspricht.

Dies sind zunächst einige vorbereitende Bedingungen für den Einzelnen, wenn er sich auf einen Weg zum Geiste hin begeben will. Wie sieht nun aber ein Verhältnis zum Weltganzen aus? Was braucht die Menschheit, um sich geistgemäß weiterentwickeln zu können? Denn alleine nur für sich selbst den Geist zu wollen, ist in einem christlichen Sinne sowieso aussichtslos.

Der Schlüssel für die Welt, zumindest in unseren westlichen Kulturen, um sich dem Geistigen zuwenden zu können, liegt heute vor allem in einer Denkschulung, die nicht nur das intellektuelle, abstrakte Denken ausbildet und nur noch immer mehr forciert, sondern in einer Spiritualisierung des Denkens. Da gehört das analoge und bildhafte Denken genauso dazu, wie ein intuitives Denken, das sich über geistige Begriffe und Standpunkte hinaus entwickelt und dadurch zu einem tastenden Organ gereicht, bis es die Ideen und Prinzipien des Weltganzen wahrnehmen und erkennen kann.

Nicht mehr in leiblichen Übungen, wie dem Yoga, im Tai Chi, in bestimmten Atemübungen, in Reinigungen und im Fasten oder ähnlichem liegt heutzutage unsere spirituelle Aufgabe und Wachstumsmöglichkeit, obwohl solche Übungen für die Gesundheit durchaus förderlich sein können.

In einer geisteswissenschaftlichen Herangehensweise gilt es zunächst, die Frage zu stellen: Wie denkt die geistige Welt? Aus den Weltgedanken können der Einzelne und die Gemeinschaft neue

Impulse finden für den Fortgang der Menschheit und damit auch den der Erde. Eine soziale Skulptur, ein künstlerisches Werk will und kann daraus erstehen. Jeder Einzelne ist selbst eine „Skulptur", ein sich bildendes plastisches Werk, für sich und die anderen. Jedes Leben ist ein Kunstwerk oder kann zumindest eines werden. Auch die Partnerschaft und die Gemeinschaft will Kunstwerk sein. So weitet sich der Einzelne und die Gemeinschaft in die Welt hinein. Die zwischenmenschlichen Sphären werden so zu Türen für den lebendigen Geist, wobei auf diesem Wege oftmals harte Auseinandersetzungen mit den Mitmenschen und dann auch mit sich selbst anstehen können. Dunkle Kräfte mischen sich ein und wollen verhindern, dass wir im Anderen immer auch noch das Gute sehen. Doch die Astralebenen, die seelischen Abgründe, müssen ganz durchschritten werden. Nichts darf mehr unter den Teppich gekehrt sein. Hier ist nämlich die große Wandlungsebene, die uns allmählich klarer und reiner machen möchte.

Ehrliche und liebevolle Begegnungen mit und in den Elementen des Natürlichen öffnen zudem immer weitere Türen der Seele. Ein großes und weites Zukunftsfeld erschließt sich in gleichberechtigten Zusammenkünften und ernstgemeinten Begegnungen, also im sozialen Miteinander der Menschen, untereinander und in der Kommunikation mit den Wesen der Natur.

Alles was wir mitbringen, auch das Unvollkommene, Grobe und Fehlerhafte ist notwendig. Es ist unser Rohmaterial, mit dem wir arbeiten können. Dieses gilt es anzunehmen und schöpferisch aufzuarbeiten. Was wir sind, wenn wir einmal „fertig" sind, ist ein Zukunftsbild, das wir noch gar nicht wissen können. Und doch sollten wir uns zu diesem zukünftigen Menschen hinarbeiten. Jeder Mensch ist dabei sein eigener Künstler.

Wir dürfen und sollen selbst zum Schöpfer unseres Lebens werden. Dies bedeutet auch, eine innere Führung zu finden beziehungsweise das ureigene „Schöpferwesen" in sich zu entdecken. Kreativität, Phantasie, Mut und Tatkraft, Weisheit und Liebe sind nämlich in unserem Inneren zu finden. Daraus entspringt auch ein Wahrheitsempfinden. Was ist gut und wahr für mich?

Es gilt, eine Ehrlichkeit sich selbst gegenüber zu erlauben. Dabei dürfen wir die leiblichen, seelischen und geistigen Bedürfnisse in uns ernst nehmen. Und dann: Einfach nur leben! Auch die dunklen Seiten in sich sehen lernen und annehmen. Sie müssen mit Bewusstsein erfasst und ganz damit durchdrungen sein. Gerade diese Stellen und Seiten in uns können zu Schlüsseln werden, wenn die hohe Priesterin, die innere „Seelenführerin" in die eigenen Seelengründe hinabführt.

Isis, die Priesterin der Seele, zeigt im Buch Toth den Weg durch die Abgründe im inneren Sein. In den zweiundzwanzig großen Arcanen des Tarot sind drei Wege mit je sieben Stufen geschildert. Im Altägyptischen wurden sie der Osiris-, der Isis- und der Horusweg genannt. Isis führt dabei durch die Seele. Osiris dringt in das Lebensgefüge, in das natürliche Sein und geht da durch Tod und Wandlung, hin zu einem neuen Sein, so wie dies Christus dann im Irdischen vollzogen hat. Horus schließlich beschreitet den Geistesweg: das menschliche Denken soll in ein spirituelles Erkennen einmünden.

Natürlich ergänzen und bedingen sich diese drei Wege, denn wenn wir zu weit in die inneren Tiefen eindringen und die dunklen Kräfte und Gründe in uns sehen und damit konfrontiert werden, so brauchen wir meistens Hilfen, um dann auch wieder ans Licht kommen zu können. Diese Hilfen sind geistig-moralische Kräfte des Guten, die es zu entwickeln und zu Eigen machen gilt. Das Dunkle weist letztlich immer auf ein Defizit an guten Kräften hin. Den „Zauber", der uns an das Dunkle, Böse und einseitig Extreme bindet und manchmal auch fesselt, gilt es abzustellen. Viele Dinge und Geräte, aber auch mannigfaltige Genüsse und Abhängigkeiten können uns verführen, verlocken und unfrei halten. Davon loszukommen erfordert zuallererst einen Willensschritt. Der Osirisweg zeigt im Tarot die Stufen eines Willensweges. Wir entscheiden uns für das Licht. Dieses findet und beleuchtet den Weg zum Guten hin. Das Gute, wir können es auch in uns entdecken. Es leuchtet in vielen Nuancen und Eigenschaften in unser Seelisches hinein, wenn wir uns dafür öffnen können.

Sieben Stufen der Seele, sieben Tore und Schlüssel sind es bis zur geistigen Welt. In der Seele sind diese sieben Stufen durch die Chakrenebenen vorgegeben. Die sieben Schlüssel sind Charakterzüge, also geistig-moralische Wesenskräfte. Werden diese nicht im Positiven gelebt, so können sich negative Doppelgängerkräfte ausbreiten. Diese sind durch die guten Kräfte zu überwinden.

Im Folgenden werde ich eine Aufstellung einiger dieser geistigen Werte und moralischen Kräfte auf der jeweiligen Ebene anführen, die es da zu entwickeln gilt. Sie sind hier von unten nach oben, also vom Wurzel- bis zum Scheitel-Chakra verlaufend genannt. Sie entsprechen der sogenannten Jakobsleiter, von der Erde, den erdzugewandten Seiten beginnend, über das seelische Innenleben zu einem Geisterfassen hin und damit zum Leben im Licht.

Wurzel-Chakra - Begeisterungsfähigkeit und Entschlossenheit.
1. Schlüssel: Standhaftigkeit.Willensfeuer. Der menschliche
                   Wille sucht den Gotteswillen.
                   Im Negativen: Lauheit und Bequemlichkeit oder
                   im anderen Extrem - Verbissenheit, geht über
                   Leichen.

Sakral-Chakra - Hingabe, Ehrfurcht, Milde, Sanftmut, Geduld,
2. Schlüssel: innere Ruhe, Bescheidenheit.
                   Im Negativen: Eitelkeit und Rechthaberei oder
                   man will es allen recht machen, sich anbiedernd
                   und sich selbst vernachlässigend.

Solar Plexus-Chakra - Innerer Mut und Furchtlosigkeit, Tapferkeit
3. Schlüssel: und Tatkraft. Gelassenheit und Gleichmut.
                       Durchsetzungskraft.
                       Im Negativen: Fanatismus und Gewalt oder
                       Ängstlichkeit, Feigheit, Minderwertigkeitsgefühle.

Herz-Chakra - Unvoreingenommenheit, Toleranz, Freundlichkeit,
4. Schlüssel: Kreativität, Mitgefühl und Liebe.

Im Negativen: Hartherzigkeit und Kälte oder
Aufdringlichkeit, Schwärmerei und Schleimerei.

Hals-Chakra - Dankbarkeit, Positivität, Zuversicht und Vertrauen,
5. Schlüssel: Güte und innere Stärke, Friedfertigkeit, Wohlwollen
und Achtung vor dem Anderen.
Im Negativen: Selbstsucht, Egozentrik oder
Miesmacherei, Pessimismus, Nörgelei.

Stirn-Chakra: Besonnenheit, Klarheit, Objektivität,
6. Schlüssel: Wahrhaftigkeit, Erkenntnis, Erwachen für die Wahrheit, Weisheit, Sammlung, Meditation - Schweigen.
Im Negativen: Geistige Stumpfheit und Ignoranz
oder Phantastereien und illusionäre Träumereien.

Scheitel-Chakra: Leichtigkeit, lichtvoller Humor, Freude.
7. Schlüssel: Kontemplation ins Licht. Erleuchtung und
Glückseligkeit.
Im Negativen: Depression, Nihilismus oder
Abgehobensein, Selbstherrlichkeit, rauschhafter
Ekstatiker.

Die gesunden seelischen Qualitäten können, wenn sie nicht genügend entwickelt werden, vom Doppelgänger und im weiteren von
dämonischen Wesen oder gar von erdgebundenen, verstorbenen
Seelenanteilen vereinnahmt werden, das heißt, deren eigentlich
vorgesehene Stelle wird von dunklen und ungeläuterten Kräften
und Wesen besetzt und ins Negative verzerrt. Daraus resultieren
zumeist schlechte Charakterzüge und im Weiteren, wenn diese
sich festsetzen, kommen Energiewirkungen, zum Beispiel in den
Meridianen als sogenannte energetische Blockaden, als Störungen
und Schmerzen zustande und irgendwann entstehen daraus organi-
sche Krankheiten.
So kann zum Beispiel eine Depression von elementarischen Wesen ausgehen, weil der Mensch zuwenig Neigung für das Licht-

volle in der Welt gezeigt hat. Da ist dann eine wirkliche Heilung oftmals erst auf der seelisch-geistigen Ebene möglich, zum Beispiel durch religiöse und geistige Übungen oder dem Kontakt zu einem Heiler, der auf der spirituellen Ebene arbeiten kann.

Die guten und gesunden moralischen Kräfte und Tugenden können wir im Irdischen selten ganz und dauerhaft erreichen. Das Gute ist eben nicht fest und starr und es darf auch versucht und erprobt werden. Es wird nämlich erst individuell, wenn es sich bewähren muss. So kann im Lebensalltag jede Tugend immer wieder in Extreme fallen, das heißt, weg von der Mitte und hin zu einem der extremen Pole. Entweder ein Zuviel oder ein Zuwenig oder nicht zur rechten Zeit oder am falschen Ort. Die Abweichungsmöglichkeiten vom Guten sind mannigfach. Das Ich soll nämlich lernen, mit diesen Kräften und Eigenschaften umgehen zu können. Im Hin- und Herpendeln, zwischen den extremen Seiten, finden wir allmählich erst die „passende" Mitte für uns, das heißt dann auch, für die Zeit und den Ort, an dem wir diese Eigenschaften brauchen.

Allein die siebente Ebene können wir nicht erzwingen. Die Glückseligkeit, als Beispiel, können wir nur denken und uns für sie offenhalten. Sie ist ein Geschenk von „oben". Die anderen Ebenen und guten Eigenschaften können wir erüben, erlernen und vor allem wollen.

Der siebenten Ebene nähern wir uns, wenn wir segnen lernen. Alles, auch das Dunkle, gilt es segnen zu können. Die Gottesliebe segnet alles - auch uns. „Bruder, Schwester - ich segne Dich - im Namen des Christus, des Vaters und des heiligen Geistes". Lernen wir segnen, werden wir auch Segnungen erhalten.

Doch der freie Wille steht über allem. Er setzt den ersten Schritt zu einem geistgemäßen Tun. Dieser Schritt ist, das innere Feuer für die guten Kräfte entfachen zu wollen. Dann kann sich ein langsames Wachsen ereignen, bei dem die geistigen Kräfte und Tugenden, die uns aus dem Kosmos zuströmen, immer mehr zu Eigen gemacht werden. Geist zu Geist. Feuer zu Feuer. Liebe zu Liebe. Licht zu Licht. Die Türen öffnen sich.

Soziale Initiation

Wenn man versucht, die gegenwärtige Zeitlage in einer objektiven Betrachtungsweise etwas tiefgründiger zu durchschauen, kann einem so mancher Schauer über den Rücken laufen bei all den Problemen und Katastrophenmeldungen, die es weltweit gibt. Da scheinen ursächlich und hintergründig meistens bestimmte Machtinteressen, vor allem aus den westlichen Ländern am Werke zu sein, die versuchen, die Welt nach ihren Bestrebungen zu gestalten. Egal auf welche Kosten es geht, Hauptsache es dient den eigenen „Vorteilen". An das Wohl des Gesamten wird dabei nicht mehr gedacht.

Auf der anderen Seite versuchen immer mehr Menschen aus gepeinigten und gedemütigten Weltregionen, meist mit islamischen Hintergrund, mit Terrorakten und brutaler Gewalt darauf zu reagieren. Insgesamt werden dadurch nur die Kräfte des Radikalen und Fundamentalistischen gestärkt, sei es im Politischen oder im Religiösen. Man weiß letztlich nicht mehr, welcher Seite man noch einen Glauben schenken kann, denn beide arbeiten mit Methoden der Gewalt, der Lüge, der Manipulation und der Aufstachelung von Ängsten und dumpfen Gefühlen.

In diesen Auseinandersetzungen, heute sind es vor allem die der westlich-kapitalistischen Welt mit der Welt des Islam beziehungsweise den geopolitischen und wirtschaftlichen Interessen des Westens gegen die religiösen Fundamentalismen des Orients, ja in diesen Auseinandersetzungen sind in einer okkulten Betrachtung und Sichtweise auf beiden Seiten dunkle Kräfte am Werke. In der westlichen Welt sind diese in sogenannten „Geheimlogen" organisiert, die streng hierarchisch arbeiten, so dass eigentlich im Sichtbaren niemand weiß, woher die Ideen für deren Weltenziele kommen. Diese Logenkräfte scheinen heute schon übermächtig zu sein, was man in der Verquickung von Wirtschaft, Geld und Politik auch recht leicht einsehen kann.

Doch nur eine „Verschwörungstheorie" aufzustellen, wodurch die

Schuldigen für alles Schlechte in der Welt zu finden sind, ist meines Erachtens wiederum viel zu einfach, denn eine Sündenbockmentalität löst keinesfalls die vielfältigen Probleme, die wir gemeinsam zu lösen haben. Zudem haben diese Kräfte auch ihre Berechtigung, denn sie fordern uns heraus, am Gesunden zu arbeiten, ansonsten würden wir alle in ihre Knechtschaft geraten. Das Dunkle zeigt letztlich immer das Gegenbild eines Positiven und Gesunden, das nicht genügend entwickelt wurde.

Man muss freilich diese dunklen Kräfte und Logen in ihrer Arbeitsweise verstehen. So ist es ein okkultes Gesetz, dass ahrimanische Wesen, die die westliche Geld- und Machtpolitik inspirieren, asurische Wesen nach sich ziehen, die sich in Gewalt- und Terrorakten kundtun. Was sich also auf dem physischen Plan bekämpft, wie zum Beispiel die westliche Welt mit Leuten wie einem Saddam Hussein oder einem Osama bin Laden oder auch mit dem sogenannten Islamischen Staat, zeigt im Geistigen eine innere Verwandtschaft beziehungsweise eine innere Konsequenz. Das Eine zieht das Andere nach sich.

Wenn weite Teile der westlichen Welt sich nur noch im Konsum und Wohlstand ergötzen und ihre eigentlichen Ziele und Visionen für ein menschliches Leben aus den Augen verlieren, können die Widersachermächte schalten und walten wie sie wollen. Sie sind nämlich von der geistigen Welt zugelassen, um das Positive und Menschliche, also die guten Ansätze für eine humanistische Daseinsgestaltung prüfen, mobilisieren und damit stärken zu können. Die guten Kräften werden somit herausgefordert; sie sollen im Menschen allmählich zum Durchbruch gereichen. Ansonsten gehen wir an den dunklen Mächten in uns und in der Welt zugrunde. Die Innenwelt bedingt mit der Zeit die Außenwelt und die Außenwelt fordert uns dementsprechend auf, die eigene Innenwelt zu ordnen und zu erneuern. Viel Schattenarbeit ist daher noch zu leisten.

Es reicht auch nicht ganz, die guten Ideen und Visionen für ein menschliches Leben nur gefühlsmäßig zu wollen, wie in den siebziger und achtziger Jahren des 20. Jahrhunderts, als positive

Ideale für Frieden, Gerechtigkeit und Gleichberechtigung in vielen Menschen lebendig waren und gegen Militarismus, Rassismus und Atomkraft zu sein und zu streiten. Ein Erkenntnisringen soll einsetzen, soll hinzukommen und klären, welche geistig-seelischen Kräfte hier am Werke sind und wie wir uns mit ihnen verbinden können oder wie wir bestimmte Mächte los werden.

Die Notwendigkeiten von Alternativen für ein menschlicheres Leben sind zu erkennen - und das nicht nur von ein paar Wenigen. Denn es gibt schließlich keine Alternative zur Alternative. Wo sind denn heute in Europa Zielsetzungen zu sehen, die über eine Flickschusterei anstehender Probleme noch hinausschauen?

Sicherlich gibt es positive Ziele und hilfreiche Ideen, die jedoch in der breiten Öffentlichkeit besprochen und ausformuliert werden müssen. Dazu braucht es sehr viel Beständigkeit, Ausdauer, Geduld und ein Durchtragevermögen gegen unendlich viele Widerstände. Immer wieder müssen wir beginnen und ansetzen in unseren Motivationen und Beweggründen für die Ziele, die wir als richtig erkannt haben. Irgendwann wird dann auch der Erfolg kommen. Zu guter Letzt siegt eben das Positive. Das Negative, lässt man es nur gewähren, wird sich irgendwann selbst und leider oftmals auch die Mitwelt zerstören. Es verbraucht sich nämlich selbst, wenn es keine geistigen Impulse und Energien mehr erhält, die es korrumpieren und für die eigenen Zwecke missbrauchen kann. Das Dunkle lebt schließlich auch vom Geistigen, zwar in pervertierter Form, wenn dieses Geistige nicht genügend ausgebildet und gelebt wird. Es nimmt spirituelle Energien und Techniken an und verwendet sie für die eigenen, negativen Belange. Werden positive geistige Energien, Ziele und Techniken in einem menschlichen Zusammenhang von vielen Menschen angewandt, so wird das Dunkle weichen müssen.

Statt irgendwelcher Terrorgruppen wären soziale Gemeinschaften zu gründen, in einem globalen Forum, die die spirituellen Ebenen und die okkulten Realitäten wahrnehmen und erkennen und daraus entsprechende positive Ideen und Ansätze ausbilden und in die Wirklichkeit integrieren können. Das kann im Individuellen und in der Gemeinschaft, im Sozialen stattfinden, denn was auf der physischen Ebene passiert, ist letztlich nur das Resultat eines seelisch-geistigen Geschehens. So haben wir auf der seelisch-geistigen Ebene bessere Wirkensmöglichkeiten, denn wenn sich etwas schon im Physischen manifestiert hat, ist es viel schwieriger zu beheben und zu ändern. Das kann gerade auch in Kriegskonflikten eingesehen werden. Alle kriegstreibenden Mächte, vor allem viele Medien, wollen uns einreden, dass ein bestimmter Krieg unvermeidlich sei. Und viele Menschen glaubten das auch in der Vergangenheit. Der Glaube versetzt ja bekanntlich Berge, so haben wir es doch einmal vernommen. Glauben wir an Krieg, wird Krieg kommen, glauben wir an das Gute, wird das Gute kommen. Unser Denken und unsere Einstellungen bestimmen die Zukunft mit.

Am Sozialen sollen wir erwachen. Heute ist kein Rückzug in ein privates Paradies mehr möglich. Die Probleme der Gesellschaft und die der gesamten Erde werden immer mehr zu persönlichen Herausforderungen. Jeder Einzelne ist ein Teil vom Ganzen. Wird das Ganze attackiert, so auch der Einzelne - früher oder später. Findet der Einzelne einen gesunden Lebensstrom in sich, wird auch die Gesamtheit davon profitieren.

So benötigen wir ein Ganzheitsdenken, das alles bejahen und annehmen kann, auch das Dunkle, auch die Schattenseiten - in sich und in der Welt. Letztlich hilft und nützt uns nur ein „Bessersein" im Guten. Das Gute darf und soll sich vermehren und bündeln, damit es auf der Waagschale des Lebens „schwerer" wiegt als die dunklen Machenschaften.

Gemeinschaftliche Kräfte bauen heutzutage in einem gesunden Sinne auf das freie Individuum. Der Einzelne soll sich in sich und dann auch in der Gemeinschaft entwickeln können. Diese Polarität gehört zusammen. Die Gemeinschaft dient letztlich dazu, dass sich der Einzelne, in und mit seinen eigenen Fähigkeiten, darin entfalten kann. Und der Einzelne wird seinen Sinn im Leben finden, wenn er nicht nur für sich, sondern für alle, für die Gemeinschaft, für das Ganze tätig sein kann. Dabei darf und soll es nicht mehr um eine Gruppenseelenhaftigkeit gehen, worin der Einzelne nur ein Rädchen im großen Getriebe ist und diesem dienen soll. Dies betrifft auch spirituelle Gemeinschaften. Die individuelle Freiheit steht über allem und die Gemeinschaft hat vor allem dafür zu sorgen, dass die Rahmenbedingungen für das Entwickeln von individuellen Fähigkeiten bestmöglich vorhanden und gewährleistet sind.

Die eigene subjektive Befindlichkeit steht dem Weltganzen, wie überhaupt dem Gemeinschaftlichen zunächst einmal polar gegenüber. Die Welt ist außerhalb von mir. Ein weltweites Denken, ein Denken, das sich in die Welt hinein weiten kann, verbindet erst wieder mit dem Gemeinschaftlichen. Vom: Ich denke die Welt – kann ein Weg beschritten werden zum: Die Welt denkt in mir.

Das subjektive Erleben wird vor allem in der ersten Lebenshälfte förderlich sein und zwar für die Ausbildung einer starken Persönlichkeit. In der zweiten Lebenshälfte wird es aber immer mehr darauf ankommen, ein „Denken der Welt" in sich zu entwickeln. Das heißt mit anderen Worten, dass wir dann lernen, immer mehr über uns selbst, über unsere subjektiven Einstellungen hinauszuwachsen. Die geistige Welt ist Hoffnung und ist Ziel; in sie können wir uns durch ein Weltendenken hineinleben.

Alle guten Kräfte sollen heute global zusammenhelfen, seien sie aus der Religion, aus den Künsten und aus den Wissenschaften oder auch aus der Politik und der Wirtschaft, wo es ja auch gute Ansätze gibt. Letztlich kommt es nicht so sehr auf die Quantität, also auf die Masse an Menschen an, sondern auf die Qualitäten, die wir innerseelisch und gemeinschaftlich entwickeln. Geistige Helfer stehen für uns bereit. Der Zeitgeist Michael sammelt und bündelt alle guten Ansätze und Willensregungen, um sie zur rechten Zeit am rechten Ort mit den dafür anwesenden Menschen anzuwenden. Natürlich stehen uns auch die okkulten Meister des Denkens, des Fühlens und des Wollens bei, wie zum Beispiel die Individualität des Aristoteles, des Meister Jesus und des Christian Rosenkreutz, an die wir uns geistig wenden können.

Soziale Probleme können nicht mit einem alten Denken und

Fühlen überwunden werden, das nur den persönlichen Vorteil sucht. Dadurch schaffen wir nämlich immer wieder nur die allzu bekannten Interessenkonflikte und damit mannigfache Auseinandersetzungen, sowie ein polarisierendes Gegeneinander. Ein neues Denken bildet sich vor allem am Lebendigen. Da kann es am besten geschult werden. So darf in analoger Weise auch der soziale Organismus einer Gesellschaft mit dem menschlichen Organismus verglichen werden, bei dem ja auch die unterschiedlichen Organe und Systeme zusammenwirken müssen, damit der ganze Organismus funktioniert.

So wie im Menschen, wenn er gesund und zufrieden sein will, Kopf, Herz und Bauch übereinstimmen müssen, so dürfen sich die einzelnen Bereiche im sozialen Leben einer Gesellschaft gegenseitig zuarbeiten und sich ergänzen.

Dem Kopf beziehungsweise dem Denken entsprechend, brauchen wir ein Kultur- und Geistesleben, das die Ausbildung neuer Fähigkeiten in individueller Freiheit zum Ziele hat. Ein abgehobenes Kulturleben, das nur dem Freizeit- und Unterhaltungswert dient, nützt nur den darin Tätigen, aber nicht mehr der Gesamtheit in einem zukunftsweisenden Sinn. Oder aber im anderen Extrem, da werden die individuellen Fähigkeiten und Talente nur nach dem Nützlichkeitswert für die Wirtschaft betrachtet und gefördert.

Das Rechtsleben, entsprechend der Herzsphäre im Menschen, soll die Gleichheit des mündigen Menschen vor dem Gesetz gewähren. Die Würde des Menschen gilt es deshalb zu achten, zu ehren und zu schützen.

Im Wirtschaftsleben, analog dem Bauch- und Willensbereich im Menschen, soll die Arbeit getan werden, um die materiellen und menschlichen Bedürfnisse aller in der Gesellschaft befriedigen zu können. Heute spricht man dagegen oftmals von einer „Leistungs-Elite", also von Managern, die „oben" stehen, kräftig absahnen, ohne aber für ihre Fehler und ihr Unvermögen haftbar zu sein. Wer „unten" steht, wird mehr und mehr ausgebeutet oder aber entlassen, wenn er nicht mehr gebraucht wird. Wer erbringt denn die Leistungen und wer zeigt wirkliche Verantwortung? Und wie werden heute die Menschen motiviert, um am Gesamtprozess noch mit Freude und Engagement teilnehmen zu wollen? Meist doch nur mit Druck oder mit Geld. Und das genügt längerfristig sicher nicht mehr.

Die Polarisierung von Arbeitnehmern und Unternehmern, also den Beschäftigten und den Arbeitgebern muss überwunden werden, folglich auch einmal die der Gewerkschaften und der Arbeitgeberverbände. Alle im Wirtschaftsbereich Tätigen müssen und sollen ja zusammenarbeiten und das sind die Produzenten, die Händler und die Verbraucher. Die Produktionsmittel, die Produkte und Gewinne, die gemeinsam erarbeitet werden, sollen doch allen Beteiligten zugute kommen und nicht nur in der Hauptsache irgendwelchen Geldgebern und Aktionären.

Ein neues Denken vermag es, die drei Bereiche des Kultur-, des Rechts- und des Wirtschaftslebens so zusammenzubringen, dass ein gesunder Organismus daraus entstehen kann. Dabei ist nicht nur das lineare und abstrakte Denken auszubilden, sondern vor allem auch das analoge Denken, das in Gleichnissen und in übergeordneten Zusammenhängen denken gelernt hat. Vergleicht man zum Beispiel den menschlichen Organismus mit dem des gesellschaftlichen Lebens, so lassen sich durchaus übereinstimmende Gesetzmäßigkeiten finden.

Entsteht im Leib ein Energiestau, das heißt, hat ein Organ oder ein System im Körper zu viel Energie, so fehlt diese woanders. Es entsteht mit der Zeit eine Krankheit. Eine Heilung kann erst erfolgen, wenn dieser Stau aufgelöst wird, zum Beispiel durch Akupunktur und ähnlichem. Gesundheit entsteht durch das freie Fließen der Lebensenergie.

Im sozialen Organismus ist entsprechend zur leiblichen Energie, das Geld ein Lebensstrom. So kann nun recht leicht einsehbar sein, dass es für die Gesundheit im Sozialen keinen Geldstau auf der einen Seite und einen Mangel auf der anderen Seite geben darf. Das Geld, die Energie, soll dahin fließen, wo Bedarf ist. Das ist volkswirtschaftlich gesund, denn wo ein realer Bedarf ist, werden Güter und Dienstleistungen gebraucht und damit die

Wirtschaft belebt. Geld soll also, wie das Blut, im Kreislauf der Gesellschaft fließen und alle Bereiche und „Organe" darin mit Geld, mit Energie versorgen. Denn Geld ist ein Ermöglicher, damit können innovative Ideen und kreative Konzepte umgesetzt werden.

Eine gerechte Steuerpolitik soll und kann eine Umverteilung gewährleisten, von da, wo zu viel ist nach dorthin, wo ein Bedarf ist. Das lässt die Wirtschaft am ehesten wachsen.

Auch die Arbeitslosigkeit und das Arm-Reich Gefälle resultieren aus einem alten Denken, wobei die Einen immer nur noch mehr haben wollen und die Anderen dafür ausgebeutet werden müssen. Das schafft letztlich kein gutes soziales Klima, aber dafür ein entsprechendes Karma.

Natürlich gibt es Menschen, die mehr brauchen, die zum Beispiel einen gewissen Luxus für ihr Wohlbefinden benötigen, als andere, die bescheiden und zufrieden leben wollen. Wenn aber die Schere zu stark auseinanderklafft, wie heute in der Nord-Süd-Weltproblematik oder auch schon immer mehr in den Industrienationen selbst, entstehen daraus soziale Katastrophen, entsteht Krankheit.

Auch die Arbeit gilt es zu teilen. Dies ist zum Beispiel durch einen Überstundenabbau oder eine generelle Arbeitszeitverkürzung zu erreichen. Möglichst viele Menschen sollen doch am Wirtschaftsprozess beteiligt sein. Das Einkommen wird an alle verteilt, nicht so sehr nach Leistung, sondern nach dem Bedarf der Mitarbeiter.

Auch könnte man an ein Pausenjahr für die Arbeitenden denken, wo dann zum Beispiel nach zehn Jahren Arbeit ein Freijahr für die Regeneration, für Freizeit oder für Weiterbildung geschaffen wird. Das müsste nicht mehr kosten, als die jetzige Verwaltung der zwangsweise Untätigen in den Arbeitsämtern. Für den Gesundheitssektor hätte dies bestimmt positive Rückwirkungen.

Ein neues Denken bekommt Ideen, um mit allen Problemen zeitgemäß umgehen zu lernen. Wir müssen unser Denken am Natürlichen und Gesunden schulen, nicht am Toten, wie an den mechanischen und physikalischen Gesetzen und diese noch über das Lebendige stülpen. Natürlich brauchen wir das abstrakte und lineare Denken auch weiterhin, im Bereich des Irdischen und für die Umsetzung unserer Ideen, also mehr für die technische Seite. Es darf aber nicht mehr herrschen wollen über das Leben. Es soll eine dienende Funktion einnehmen und den Weg freimachen für ein neues Denken, das uns in die Zukunft leiten kann.

Das neue Denken weitet sich über den Intellekt und der Abstrahierung und Reflektierung des Kopfdenkens hinaus. Es gilt, mit dem Herzen denken zu lernen, um damit die Anderen, die Mitmenschen und die Mitwelt sehen und erfahren zu können in deren jeweiliger Art, so wie sie eben sind. Eine Achtsamkeit und ein Interesse am Anderen ermöglichen eine neue Wahrnehmung. Ich sehe das Gute in ihm. Dadurch kommen wir in Resonanz mit dem eigenen Guten und mit dem der Welt.

Viele Aufgaben sind uns heute gestellt. Eine gesunde Umwelt beziehungsweise Mitwelt zu schaffen, wird sehr viel Arbeit und Energie benötigen. Im Umgang mit den Mitmenschen brauchen wir soziale Fähigkeiten und Techniken, die oftmals erst noch gelernt werden müssen. Das ist ja auch mit einer Arbeit verbunden, die neue Aufgabenfelder erschließen, Feindbilder abbauen und dann auch Arbeitsplätze schaffen kann. Ein guter Wille im Menschen packt diese Herausforderungen und Aufgaben gerne an.

Ein Problem ist dabei sicher noch die Ideologie des Kapitalismus. Er schürt im Menschen den Egoismus und beutet die Erde aus. Der Kapitalismus braucht ein Wirtschaftswachstum, damit er funktionieren kann; und dieses Wachstum schädigt meistens leider noch die Umwelt. Eine Alternative zum Kapitalismus ist uns in der sozialen Dreigliederung gegeben, wie sie erstmals von Rudolf Steiner entwickelt und beschrieben wurde.

Die Verwirklichung der Dreigliederung des sozialen Organismus ist Aufgabe und Ziel für die Gesellschaften Mitteleuropas. Denn Mitteleuropa hat die weltpolitische Aufgabe, ein Gleichgewicht herzustellen zwischen dem Osten (Russland, China, Asien) und dem Westen (USA, Amerika).

Der Osten hat von sich aus, von seiner seelisch-geistigen Verfassung her, keinen so starken eigenen Willen und Antrieb, um tätig in die Welt einzugreifen. Der Ostmensch strebt im Seelischen lieber zum Geiste hin, die irdische Welt ist für ihn eher ein „Jammertal". Der Westmensch ist dagegen ganz im Willens- und Erdhaften verwurzelt, ja er kann sich darin auch verlieren. Die Mitte hat nun die Aufgabe, Geistiges mit Irdischem zusammen zu bringen, das heißt eben auch, die Gesellschaftsstrukturen nach geistigen Impulsen auszugestalten, so wie dies die soziale Dreigliederung bewerkstelligen will.

Seit einiger Zeit wollen westliche Kräfte eine Liberalisierung in der Wirtschaft herbeiführen, mit dem Hintergedanken, dass sich längerfristig nur noch die mächtigsten Konzerne durchsetzen werden. Eine Ellenbogenmentalität wird sich dadurch noch verstärken. Und dann können die Machthungrigen leider auch noch recht leicht gewalttätig werden. Dies kann immer wieder sehr deutlich beobachtet werden, wenn es Kriege um Ressourcen und geostrategische Machtverhältnisse gibt.

Dabei soll eigentlich ein sozialer Gedanke, nämlich der der „Brüderlichkeit" im Wirtschaftsleben lebendig sein. Der Freiheitsgedanke, das liberale Empfinden, Schaffen und Gestalten, gehört in das Kultur- und Geistesleben hinein, wo jeder frei und selbstbestimmt seine Fähigkeiten ausbilden soll. Sicherlich wäre es daher weitaus sinnvoller als die Globalisierung der Mächtigen voranzutreiben, regionale Wirtschaftsbereiche zu stärken, die übersichtlich und dem Menschen gemäßer gestaltet werden können.

Der Staat hat unter anderem die Aufgabe, unsere sozialen Errungenschaften zu schützen, zum Beispiel, in dem Billigprodukte aus dem Ausland mit geringen Sozial- und Umweltstandards (Kinderarbeit, Ausbeutung, Umweltverschmutzung) verboten oder mit einem Aufpreis belegt werden, damit die einheimische Wirtschaft keine Nachteile erfährt.

Gerade das Wirtschaftsleben ist heute großen Angriffen ausgesetzt, denn von der Wirtschaft ist jeder abhängig. Somit sind die Widersachermächte sehr stark daran interessiert, diese nach ihrem Belieben und ihren Machenschaften dirigieren zu können, wobei hauptsächlich der Egoismus und der persönliche Vorteil forciert wird, streng nach dem Motto: „Geld regiert die Welt". Wer regiert eigentlich das Geld beziehungsweise das Geldwesen?

Da können nun sehr interessante Entdeckungen gemacht werden, wenn man sich mit dieser Frage beschäftigen will.

Um eine gesunde Wirtschaft gestalten zu können, was natürlich einschließt, dass diese im gesellschaftlichen Leben nicht zu dominierend wird, wie im jetzigen „Turbo-Kapitalismus", muss ein natürliches Gegengewicht durch ein starkes Kultur- und Geistesleben vorhanden sein. Die Kultur darf eben nicht nur Feierabendzeitvertreib sein. Die Gefahr dafür ist heute ziemlich groß. Oftmals genießt die Kultur und die daran Interessierten nur noch sich selbst oder im anderen Extrem, verarmt sie zusehends.

Das Kulturleben muss sich an der gesellschaftlichen Gestaltung beteiligen, rauskommen aus ihrem Nischendasein. Sie soll Ideen und Ansätze liefern für die Politik und die Wirtschaft, wie dies zum Beispiel ein Joseph Beuys noch versuchte. Das geht aber nur, wenn sie ihre Eigenständigkeit bewahren kann und nicht abhängig ist von staatlicher oder wirtschaftlicher Willkür.

Auch die Politik muss unabhängig sein. Dann erst kann sie bestimmte Richtlinien erlassen für die Wirtschaft (Umweltschutz, Arbeitsrechte, Steuern et cetera) und für die Kultur (Förderrichtlinien für Schulen, Universitäten, freie Ausbildungs- und Kunststätten), die dem Gesamtwohl zu Gute kommen sollen.

Vom Kulturleben erhält jeder Bürger einen Nutzen, zum Beispiel in den Schulen, in Bildungs- und Kunststätten. Da könnte man sicher eine Bildungssteuer einführen, die alle gemeinsam tragen müssten. Kultur, also das Geistesleben beziehungsweise der Geist selbst, darf nicht vom Geld abhängig gemacht werden und ebensowenig unter einer Verwaltung der Politik stehen. Das Kulturleben muss frei sein und sich selbst verwalten können. Zum Beispiel könnte eine Art Kulturrat oder Gremien aus den verschiedensten Künsten, Religionen, Wissenschaften, Medien und Bildungseinrichtungen die finanziellen Mittel verwalten, die die Gemeinschaft beziehungsweise die Gesellschaft dafür freigibt.

Im Geistesleben ist und urständet nämlich unser wirkliches Kapital, denn von unseren Ideen, unserem Wissen und Können, also von unseren Fähigkeiten, wird ein zukünftiger Wohlstand abhängen. Im Geistesleben hat der „Kapitalismus" seine Berechtigung. Da soll das Leistungsprinzip gelten dürfen, denn die Besten mit bestimmten Fähigkeiten, soziale wie technische oder musische und dergleichen, sind das Kapital von morgen, denn sie bringen die Gesamtheit voran.

Andererseits muss auch die Wirtschaft frei sein von Vorgaben aus den anderen Bereichen. Sie darf zum Beispiel nicht durch eine unnötig erschwerende Bürokratie oder durch staatliche Lenkungen, durch Subventionen und Verbote, begünstigt oder beschränkt werden, außer natürlich durch Vorgaben, die den Umwelt- und den Tierschutz, wie auch die Rechte der Arbeitnehmer betreffen. Die im Wirtschaftsleben Tätigen, eben die Produzenten, die Händler und die Verbraucher, können diesen Bereich am besten selbst bearbeiten, vor allem dann, wenn sie sich für das Gesamtwohl verantwortlich fühlen.

Wollen wir unsere zukünftige Welt in einem humanistischen Sinne gestalten, brauchen wir Visionen für neue Formen und Strukturen des gesellschaftlichen Lebens. Vieles kann hier selbstverständlich nur in sehr groben und kurzen Hinweisen angerissen werden. Im Lebenspraktischen muss man natürlich ins Detail gehen und da wird es erst konkret, aber auch schwierig sein. Eine geistgemäße Struktur für das gesellschaftliche Zusammenleben aller Menschen zu kreieren und umzusetzen, kommt einer sozialen Initiation in der Menschheitsgeschichte gleich, denn es kann von da an wieder mit der geistigen Welt zusammengearbeitet werden. Eine sakral gestaltete Kultur wird einmal wieder erblühen. Von diesem Kulturleben sollen alle anderen Bereiche impulsiert werden. Das ist das Ziel, dem wir auch in dunklen, in materialistischen Zeiten entgegenstreben dürfen.

Eine Initiation können wir Menschen erfahren beziehungsweise uns ihrer würdig erweisen, wenn wir die irdischen, alltäglichen Formen und Belange nach kosmischen Kriterien strukturieren lernen, wie eben durch die soziale Dreigliederung, die ihren Ursprung im Makrokosmischen hat, dann aber bis in gesellschaftliche und mikrokosmische Bereiche, also bis in das individuelle Leben hineinwirken kann.

Die Freiheit im Geistesleben, die Gleichheit im Rechtsleben und die Brüderlichkeit, das Solidarprinzip im Wirtschaftsleben gereicht ja bis in die Partnerschaft und die Familie hinein. Näheres darüber findet sich in früheren Schriften von mir, zum Beispiel: Im Namen des Wortes - oder auch bei Rudolf Steiner, der mehr die mesosoziale, also die gesellschaftliche Ebene beschrieben hat.

Um diese Gesamtstrukturen herstellen zu können, braucht es natürlich viele Menschen, die für eine geistgemäße Lebensweise offen sind, sonst wäre wieder nur alles übergestülpt und nicht von Dauer. Soll der soziale Organismus gesunden und möglichst alle Menschen daran teilnehmen können, brauchen die einzelnen Mitglieder auch eine Entwicklung ihrer sozialen Fähigkeiten. Und diese wollen gelernt und geübt sein. Eine Offenheit, eine Achtung und eine Kommunikationsbereitschaft ist vonnöten, ein Zuhören: was will der Andere, mein Gegenüber? Seine Bedürfnisse gilt es wahr- und ernstzunehmen und es gilt vor allem auch, sich gegenseitig weiterzuhelfen. Wir dürfen und sollen die verschiedenen Fähigkeiten und Ausdrucksmittel der Mitmenschen anerkennen und verstehen lernen. Mehr Toleranz, Mitgefühl und Liebe kann daraus hervorgehen. Dabei müssen wir selbst von dieser inneren seelischen Haltung überzeugt sein, um auch auf die Außenwelt motivierend einwirken zu können. Sich immer wieder für das Gute zu begeistern, ist eine Lebensnotwendigkeit, die uns durch den Alltag mit all den Schwierigkeiten und Anfechtungen tragen hilft.

Kommt der Einzelne voran, so auch die Gemeinschaft. Im Zusammenschluss von Einzelnen, die nach dem Wahren streben, werden die guten Kräfte potenziert. Darin zeigt sich ein michaelisches Wirken. Der Zeitgeist Michael sammelt die guten Kräfte ein und bündelt sie dort, wo sie für die Gesamtheit am besten eingesetzt werden können. Zum Beispiel haben auf diesem Weg die vielfältigsten Friedensaktionen in den achtziger Jahren mit dem Berliner Mauerfall im Jahre 1989 zu tun, weil dadurch offene Menschen wie ein Michael Gorbatschow inspiriert werden konnten.

Der Zeitgeist Michael steht an der geistigen Schwelle zur Sphäre der Sophia, dem Weisheitsaspekt des heiligen Geistes. Michael ist der große Schwellenhüter, er wartet auf die Menschen, die sich freiwillig und suchend an die geistige Welt wenden. Erst dann wird er helfend und beratend eingreifen können.

Sind es aber zu Wenige, die sich für die fortschreitenden Menschheitsimpulse begeistern können, werden katastrophale Ereignisse die Menschheit wachrütteln müssen. Die alten Strukturen, die immer noch hemmen und Ungleichgewichte erzeugen, werden dann zerstört beziehungsweise zerstören diese sich selbst mit der Zeit in ihrer Dekadenz und Unwahrhaftigkeit.

Wir haben es folglich selbst in der Hand, welchen Weg wir beschreiten wollen: Für einen selbstsüchtigen Egoismus und einseitigen Materialismus oder für den Weg, der sich für das Gemeinwohl einsetzen will und für eine geistgemäße Lebensordnung – im individuellen Bereich, wie auch im kulturellen Zusammenhang, im Alltag, wie auch im Arbeitsleben und in den zwischenmenschlichen Beziehungen und Vereinigungen.

Dies sind natürlich sehr große Aufgaben. Die Menschheit hat noch einige Jahrzehnte Zeit, um diese umsetzen zu können. Doch anpacken müssen wir sie schon heute, denn wir leben in einer Zeit, in der die Weichen für die weitere Zukunft gestellt werden. Ein guter Wille muss sich daher heute schon zeigen, denn die Zeit drängt auch wiederum, weil eben die Kräfte, die in extremen und elitären Standpunkten und Strukturen verhaftet sind, sehr mächtig alles gestalten und verwalten, auch unter Einsatz ihrer militärischen Übermacht und uns Bürger mit all ihrer zur Verfügung stehenden Macht, also mit ihren das gesellschaftliche Leben manipulierenden Machtstrukturen, über Medien und Finanzen, von etwas abhalten wollen, nämlich dem Fortgang der Menschheit zu mehr individueller Freiheit, zu mehr brüderlicher und sozialer Gesinnung und zu mehr Achtung und Liebe dem Anderen, dem Menschenbruder, der Menschenschwester gegenüber. Die menschlichen beziehungsweise die christlichen Werte, was schließlich das selbe ist, stehen auf dem Spiel. Diese werden von den Widersachermächten am meisten attackiert und angegriffen – und damit auch die christlichen Geistesströmungen.

Gerade Mitteleuropa hat die Aufgabe, diesen dunklen Mächten etwas entgegenzusetzen. Und dies wird es nur können, wenn es sich auf die eigenen geistigen und kulturellen Wurzeln besinnt.

Dunkle Kräfte und Wesen vereinnahmen, wenn wir ihnen nur ein Stück weit nachgeben. Sie ziehen daran und lassen nicht mehr so leicht los. Die guten Kräfte müssen wir uns dagegen selbst erarbeiten, denn die fortschreitenden Geistesmächte haben die Menschheit in ihre eigene Freiheit und damit in die Eigenverantwortlichkeit entlassen.

Durch das Überwinden der Anhaftungen an das Dunkle, durch einen bewusst vollzogenen Verzicht auf mancherlei Annehmlichkeiten und Verlockungen, öffnen wir uns erst für den Raum, in den die Kräfte des Menschlichen, die ja letztlich göttliche Kräfte sind, einfließen können.

Gehen wir den rechten Weg, den Weg der Menschlichkeit, denn er führt zum Guten hin. Der linke Weg ist der Weg der Selbstsucht, der Lüge und des Negativen; er führt in den Abgrund.

Daher gilt es: sich immer wieder für die Menschlichkeit zu entscheiden - für die rechte Suche, für den rechten Weg und für das hohe Ziel: Die Menschheit und die Erde sollen als ein „Ganzes" wieder in Einklang mit den kosmisch vorgegebenen Menschheitszielen gereichen können. Auf dass die Erde dereinst eine Sonne werden kann, die selbst Licht, Wärme und Leben ausstrahlen wird und dass die Menschen einmal so weit entwickelt sein werden, dass sie in dieser Sonnensphäre ihre zukünftige Heimat finden können, eben weil sie selbst in ihrem Inneren eine Sonne sind und die sie, vereint mit den Geistern der Liebe, des Lichtes und des göttlichen Leben, in sich selbst und in der Welt entdecken können. Das ist Zukunftswille und unser aller Ziel.

Die Überwindung des Dualismus

Die irdische Welt, in der wir leben, ist eine Welt der Dualität. Gerade in der Spannung von Gegensätzen, von unterschiedlichen Kräften ist eine Entwicklung möglich, denn zwischen den Gegenpolen kann sich für den Menschen ein Freiheitsraum ausbilden.

Die indische Advaita-Lehre der Non-Dualität will zurück zur Einheit, in der ja die Zweiheit ursprünglich urständet. Alles andere außerhalb dieser Einheit wird in dieser philosophischen Tradition negiert, ist Maya, also Schein und Illusion. Wenn wir aber nur zurück zu dieser unaussprechlichen Einheit wollten und sollten, müsste man sich konsequenterweise die Frage stellen, warum wir dann überhaupt den Weg ins Irdische, in die Erdenerfahrung angetreten haben.

Die Antwort darauf entsteht gerade aus der Freiheitsfrage, denn die Freiheit muss die Möglichkeit einer Entscheidung innehaben, sonst ist sie keine. Also brauche ich zumindest zwei Wege, damit eine individuelle Freiheit entstehen kann.

Folglich gibt es auch kein einfaches Zurück, denn die Schöpfung ist ausgespannt über viele Stufen und Wege. Die Zweiheit ist zum Beispiel im Tarot durch die Ebene beziehungsweise durch die Karte und im Bild der hohen Priesterin angedeutet. Ja, es benötigt schon eine priesterliche Kraft, um die Dualitäten annehmen, meistern und beherrschen zu können.

Hier nun will ich einige Gegensatzpaare vorstellen, die unser Leben im Irdischen mitbestimmen. Da ist zunächst die materielle und leibliche Ebene, in der die Dualität ganz offensichtlich zutage tritt. Können wir diese Polaritäten annehmen und erkennen, so können wir letztlich auch die Erde annehmen.

Auf der chemischen Ebene lautet das Gegensatzpaar: sauer – basisch. In der Physik: Plus- und Minus-Pol, zum Beispiel in der Elektrizität. Im Weltanschaulichen: Yang und Yin oder Männlich und Weiblich oder Kosmisch und Irdisch.

Im Leben geht es darum, wenn man es harmonisch gestalten will, einen gewissen Ausgleich in allen Ebenen zu finden. Gegen die Einseitigkeiten müssen wir uns auf Dauer gesehen behaupten lernen. Weder zuviel sauer, Yang oder kosmisch, noch zuviel basisch, Yin oder irdisch ist längerfristig wünschenswert, denn ohne Ausgleich wird ein extremer Pol zum Ungleichgewicht und damit mit der Zeit ins Kranke führen. So will ich hier, quasi als ein kurzer Einschub, drei Säulen der Ernährung anführen, die uns auf der leiblichen Ebene beeinträchtigen können.

Zuerst sind da die Substanzen und Eigenschaften, die säurebildend wirken: Stoffe, die Phosphor, Schwefel, Chlor, die also Säurebildner enthalten, wie auch Fleisch, Weißmehl, Milch, Zucker, Alkohol, Fette und vor allem ein seelischer Stress und eine Überaktivität, lassen im Körper Säuren entstehen (zum Beispiel die Milchsäure und die Harnsäure). Basisch wirken viele Gemüsesorten, Kräuter, Obst und eine ruhige, musische Seelenhaltung.

Es folgt das Kräftepaar Yin und Yang. Yin ist in seinen Urelementen feucht und kalt und breitet sich aus, zum Beispiel als Salat, wo die Bewegungstendenz von innen nach außen geht oder einfach die kalten Flüssigkeiten, die ebenfalls sehr Yin sind. Yang ist warm und trocken und zusammenziehend, zum Beispiel in Wurzeln und Körnern. Ein Ausgleich von Yang und Yin ist vor allem im Sommer das Meer, wo warm und feucht zusammenkommen. Da fühlen wir uns wohl.

Das nächste Gegensatzpaar ist kosmisch - irdisch. Getreide, Obst, Blüten, Aromen und Düfte tragen starke kosmische Kräfte in sich. Irdisch geprägt sind vermehrt die tierischen Lebensmittel, Mineralien, Wurzeln und Knollen.

Schon allein diese Aufstellung, die hier nur sehr grob angedeutet ist, kann zeigen, wie schwer es ist, immer eine gesunde Mitte, eine Balance zu finden, die die Gegensätze in Harmonie bringen kann. Denn letztlich geht es immer um die Mitte, die ausgleicht und vermittelt.

Im Pflanzenreich können wir die Gegensätze von Wurzel und Blüte erkennen. Die Mitte bildet der Blattbereich. Beim Tier und im Menschen sind die Pole durch das Nerven- und das Blutsystem bestimmt. Wahrnehmung, die Welt der Sinne, der Nerven und des Denkens, sowie der Stoffwechselbereich, die Welt des Willens und der Bewegung, sind hier die beiden Pole. Dazwischen vermittelt das Atmungs- und Kreislaufgeschehen. Dieses bildet ein drittes Prinzip, das ausgleichen und vermitteln kann.

Friedrich Schiller nannte die Zweiheit im Menschen den Stoff- und den Vernunfttrieb. In der Dreiheit, im dritten, im mittleren Prinzip erfolgt eine Steigerung durch den sogenannten Spieltrieb. Der Ausgleich der extremen und gegensätzlichen Pole kann eben nur in einem leichten und spielerischen Tun geschehen, das verbinden und harmonisieren kann. Die folgende Aufstellung möchte dies verdeutlichen.

Auf der leiblichen Ebene:

Bewegungs-system	Nerven-Sinnes-system	Atmungs-Kreislauf-system
Stoffwechsel	Sinneswahrnehmung	Rhythmus
Stofftrieb	Vernunfttrieb	Spieltrieb
Aufbau	Abbau	Ausgleich
Wille (Yang)	Denken (Yin)	Gefühl
Bauch	Haupt	Herz

Auf der seelischen Ebene finden wir zum Beispiel die Gegensatzpaare Lust und Leid, sowie Freude und Trauer. Diese wollen wir etwas näher betrachten.

Im Leben wechseln sich gewöhnlich lustvolle und leidvolle Begebenheiten ab, denn sie sind die Pole, zwischen denen die Seele hin- und herpendelt. Eine Steigerung beziehungsweise eine Mitte, die diese Pole vereinigt und erhöht, geschieht aber erst durch eine ichhafte, innerseelische Tätigkeit, die diese Pole integrieren und veredeln kann. Eine innere Freude kann sich daraus erbilden; sie ist die Steigerung aus dem Gegensatzpaar von Lust und Leid.

Ähnlich ist dies auf der geistigen Ebene. Diese ist uns zunächst durch die Pole der Wahrnehmung und des Denkens beziehungsweise des Erkennens gegeben. Eine Steigerung und damit eine Veredelung dieser Attribute geschieht durch die Entwicklung der einzelnen Pole, sowie in ihrem geistigen Zusammenklang.

Dies ist das Geheimnis des Ganzwerdens: wenn wir nämlich einen höheren Bereich hinzunehmen, der über dem Gegensatzpaar verweilen kann. Die innere Freude ist eine seelische Kraft, die sich über der Lust und dem Leid befindet. Somit brauchen wir auf der geistigen Ebene eine kosmische Kraft, die über die Wahrnehmung und über die Begriffsbildung im Gedanklichen hinausweist.

Zunächst kann sich das Wahrnehmen hin zu einem liebevollen Anschauen erweitern und das Erkenntnisbemühen sich mit Weisheitskräften durchsetzen, so dass wir uns im geistigen Streben immer mehr dem Bereich der Wahrheit annähern. Aus der Wahrhaftigkeit und einer liebevollen Güte, mit der wir allmählich die Welt betrachten lernen, entspringt in der Steigerung und Ergänzung dieser Pole die Glückseligkeit.

So haben wir drei Gefühls- und Geisteszustände gefunden, die unser seelisch-geistiges Wohlsein bestimmen und die wir alle mehr oder weniger wünschen, denn sie erfüllen uns. Und diese sind: die Lust, die Freude und die Glückseligkeit. Ich werde später noch einmal darauf zurückkommen.

Nun sollen hier erst noch einige Begriffserklärungen erörtert werden.

Was ist die Wahrheit? Wie nähern wir uns dem Wirken des Wahrhaftigen, dem Wirken des Geistes der Wahrheit? Dies ist doch eine Erkenntnisfrage. Unser Denken soll uns zur Wahrheit hinführen, aber nicht nur das Denken allein, denn der Wille zum Streben danach muss zuerst da sein, also ein Denkwille. Nun ist dieses Denken aber selbst wiederum polarisiert.

Gerne spricht man heute von einem positiven Denken, das wir für eine gesunde Lebensweise benötigen. Man will damit das Gute sehen und erfahren lernen. Das negative, das verneinende Denken dagegen, macht uns das Leben eher schwer. In dieser Auseinandersetzung zeigt sich selbst wieder ein Dualismus. Die Steigerung beziehungsweise die gesunde Mitte liegt in der Wahrheit selbst.

Sie vereint und erhöht diese beiden Denkweisen. Denn das negative, das pessimistische Denken ist ja irgendwo auch wahr, zumindest von einem gewissen Standpunkt aus gesehen. Es gibt eben immer zwei Seiten einer Medaille. Das dritte Prinzip will beide Seiten anschauen, annehmen und lieben lernen. Wo hat die eine Anschauung ihren Platz und ihre Berechtigung und wo die andere?

Ein Arzt würde zum Beispiel nicht richtig urteilen können, wenn er nur das Positive sehen wollte. Er muss auch das Negative, Kranke und Unvollkommene sehen und es zum Guten und Wahrhaftigen hinführen können. Das ist seine Aufgabe.

Wenn man nur das „positive Denken" ausüben würde, wäre vieles unter den Teppich gekehrt. Vieles würde dann dem realen Leben übergestülpt werden. Letztlich soll es einem damit doch nur gut gehen. Das wünscht sich natürlich unser Ego, unser niederes Ich. Von einem höheren Standpunkt aus betrachtet, sieht die Welt jedoch oftmals ganz anders aus.

Eine Krankheit oder selbst der Tod müssen nicht nur negativ sein, denn sie haben einen tieferen Sinn. Diesen Sinn herauszufinden, führt zur Wahrheit und dafür gilt es, die positiven und die negativen Seiten gleichermaßen zu betrachten.

Um dies zu verdeutlichen, möchte ich zwei verschiedene Seelenhaltungen anführen. Eine Bekannte von mir ging mit ihrem neugeborenen Kind zu einem indischen Arzt, da es einige sonderliche Merkmale aufwies. Der Arzt beschwichtigte sie und meinte, dass alles wieder gut werden würde, wie dies auch eine mehr östliche Seelenhaltung ist, wo alles gerne etwas beschönigt wird. Das Kind starb einige Tage darauf. Ein anderes Extrem, das jetzt mehr in der westlichen Welt auftritt, ist dies, dass jemand zum Arzt geht und dann zum Beispiel mit der Diagnose rauskommt: „Sie haben Krebs und nur noch wenige Wochen zu leben!" Was da angerichtet wird, kann man sich in beiden Fällen sehr leicht vorstellen.

Wo liegt da die Mitte? Wo ist die Steigerung, die Veredelung und die Erhöhung dieser extremen Pole?

Wahrhaftig können wir eine Krankheit auch als einen Lebensprozess betrachten. Die menschliche Biographie verläuft normalerweise von der Gesundheit (beim Kind) zum Tod (beim alten Menschen). Eine Krankheit weist somit in einen verdichteten und beschleunigten biographischen Prozess hinein. Was im Leben sonst nur sehr langsam verläuft, konzentriert sich in einer Krankheits- und Krisenzeit. Dadurch ist uns aber auch eine beschleunigte innere Wachstumsmöglichkeit gegeben. Meistens kommen wir dabei an eine innere Schwelle heran, die uns aufzeigt, dass der bisher beschrittene Weg so nicht mehr weiter gehen kann. Eine neue Lebensausrichtung ist dann anzustreben. Daraus kann sich ein inneres Erlösungs- und Befreiungsgefühl einstellen, das uns mit neuer Freude erfüllt. Selbst das Sterben eines Kindes kann in uns neue Dimensionen öffnen, zum Beispiel in die Welt der Ungeborenen hinein, so dass wir auch von da beschenkt werden können und dafür dankbar sein dürfen.

Immer gilt es in schwierigen Zeiten, das Leid, das Negative annehmen zu lernen, es zu durchleben und den höheren Sinn, das Positive darin zu erkennen. Das Leid ist bekanntlich der schnellste Weg zum Geist. Es kann sogar zu einer inneren Freude hinführen.

Aber auch die Lust will gelebt sein. Sie gilt es auszukosten. Ein lustvolles Leben bringt uns sicherlich reiche Lebenserfahrungen. Daraus dürfen wir ebenfalls lernen, denn meistens folgt nach einer lustvollen Periode wieder das Leid.

Die Lust trägt in vielfältiger Weise zu einer Selbsterkenntnis bei. Was mir Spaß macht, sagt mir doch, wo ich momentan stehe, was meine Bedürfnisse sind. Stimmen diese überein mit meinen Zielen und Idealen, so entsteht daraus eine innere Freude.

Die innerseelische Ebene der Freude steht über der Lust und dem Leid. Sie kann die Lust (die Fülle) und das Leid (den Mangel) ertragen. Diese innere Freude ist auch ein Sensor, ein seelischer Anzeiger, damit wir uns in der Lust nicht verlieren. Nur Lust haben zu wollen, ist auf Dauer zu wenig. Wenn man nur noch der Lust hinterher rennt, wird das Leben irgendwann schal und leer oder man braucht und will immer noch mehr Reize, ein Teufelskreis entsteht: Lust - Sucht - Leid. Habe ich noch andere, „höhere" Ideale als meine momentanen Bedürfnisse nach Lust, ich lebe aber nur die Lust aus, so wird das Pendel umschwenken und Leid daraus hervorgehen. Da nützt auch kein „Positivreden" mehr.

Letztlich ist doch bei allen Gegensätzen der Entwicklungsgedanke entscheidend.

Natürlich sollen wir uns bejahen und annehmen, mit unseren Bedürfnissen, so wie wir sind. Doch wir dürfen uns auch ein Ziel setzen, wie wir gerne werden wollen. Und damit sind wir sicherlich noch lange nicht fertig, wenn wir höheren Zielen zustreben wollen. Denn dabei gilt es, noch ganz andere Fähigkeiten und Tugenden zu entwickeln: Bescheidenheit, Demut, Milde, Ausdauer und Sanftmut mit uns selbst und natürlich auch mit den Anderen sind vonnöten, aber auch die reine Zucht, die Selbstdisziplin und die Selbstbeherrschung sind notwendig, wenn wir uns innerseelisch weiterentwickeln wollen. Darin spiegeln sich wiederum gegensätzliche, eben mehr weibliche oder männliche Pole. Nachsichtig sein, sich und anderen gegenüber, aber auch sich und seine Einseitigkeiten überwinden lernen, sich lösen können von Dingen und Verhaltensweisen, die nicht mehr weitertragen, das will schließlich gelebt sein. Dazu braucht es vor allem eine große Ehrlichkeit und Wahrhaftigkeit.

Durch das „positive Denken" wird oftmals ein schöner Schein geschaffen. „Ich liebe mich, so wie ich bin!" Mit dieser Haltung brauche ich mich theoretisch nicht mehr ändern. Dies kann ja auch zu einem Egotrip verkommen. Natürlich müssen wir uns bejahen und akzeptieren, so wie wir sind. Ich strebe aber danach, immer wahrhaftiger zu werden. Und dazu braucht es nicht nur den Teil, den ich jetzt überblicke, sondern auch den Menschen in mir, der sich entwickeln will.

Den „alten und beladenen" Menschen in mir, der viel Leid und Unvollkommenes in sich trägt, gilt es daher ebenfalls anzunehmen und ihm in seinen vielen negativen Verhaltensweisen und in seinen geprägten Seelen-Mustern zu vergeben. Und natürlich ist dieses Vergeben auch den Mitmenschen darzubringen, die mit diesem Alten, mit dem sogenannten karmischen Doppelgänger verwoben sind. Ein Verständnis für sich und andere zu entwickeln, ist schließlich das Tor zur Liebe. Die Liebe, der wahrhaft liebende Mensch ist letztlich unser Ziel.

Lernen wir zu vergeben und dann auch die alten Wunden und Verletzungen zu vergessen, so erlernen wir mit der Zeit eine bedingungslose Liebe. Die Liebe heilt, denn sie führt und bringt uns zur Erde und zum Himmel. Sie ist schließlich die Kraft, die die verschiedenen und gegensätzlichen Pole miteinander verbinden kann.

Alle Seiten des Lebens können somit erfasst werden. Wir brauchen keine Furcht vor dem Dunklen, Kranken und Leidvollen zu haben. Auch nicht vor der Lust. Der Dualismus will und soll gesteigert, einem Ziele zugeführt werden. Das Durchleben und Erkennen von Lust und Leid, von Freude und Trauer schafft mit der Zeit eine Mitte, in der sich ein Gleichmut und eine Gelassenheit ausbilden kann, wenn wir durch Mitgefühl, also durch Mitfreude und Mitleid und durch eine ehrliche Liebe über uns selbst hinauswachsen. In und mit diesen Seelenkräften lebt sich allmählich eine innere Freude ein.

Die innere Freude kann in der Seele erblühen, wenn diese sich öffnet, weitet und barmherzig wird, aber auch, wenn sie zentriert, gesammelt und besonnen verweilen kann. So ist die innere Freude letztlich ein Resultat aus dem Dualismus von Lust und Leid, denn die Lust will über sich selbst hinausweiten, das Leid engt und konzentriert. Nur sind Lust und Leid heute meistens noch recht egozentrisch am irdischen Menschen, am alten Adam ausgerichtet. Das Mitgefühl und das Mitleid weiten den egozentrischen Standpunkt in die Welt hinein. Die Liebe kann dadurch Einzug finden. Sie erlöst aus dem Dualismus. In der Liebe wurzelt die innere Freude. Sie ist ein Gottesgeschenk, eine Himmelsgabe als Antwort für unser menschliches Liebebemühen und -wirken. Die innere Freude kommt vom Himmel. Sie ist eine Gnadengabe an die menschliche Seele und umfasst schließlich auch die Einheit und die Vielfalt, denn wir können uns an beiden Komponenten erfreuen. Und sie kann vom menschlichen Ich aufgenommen und getragen werden.

Die Freude als eine Himmelsgabe kommt aus der Wahrheit und sie führt zur Wahrheit. Die Wahrheit urständet in der Einheit und sie gebiert die Vielfalt. In einer liebevollen Wahrnehmung verbinden wir uns mit der Vielfalt in der Welt. Ein weisheitsvolles Erkennen sucht darin das einigende Band, die Einheit in der Vielheit. Diese Einheit in allem zu sehen, macht das Leben wahrhaftig und frei.

Wer in der Wahrheit lebt, wird Freude finden. Und die Wahrheit, sie schenkt uns zudem einen inneren Mut. Wenn wir Mut haben, sind wir vom Geist der Wahrheit inspiriert. Mut darf hier aber nicht mit Tollkühnheit und Waghalsigkeit verwechselt werden. Eine Furchtlosigkeit und Tapferkeit ist verlangt, wenn wir uns den inneren Zwiespälten und Abgründen nähern wollen.

Folgen wir der Wahrheit und lieben die Welt, wird eine Freude erstehen. Das Leid und die Lust werden in der Wahrheit erkannt. So kann das Leid und die Lust auch zur Wahrheit, zu einer Selbsterkenntnis hinführen. Innere Kräfte der Seele erstehen daraus: die Erkenntnis des Schicksals und der Lebensgesetze, sowie ein Verständnis des Wollens, des eigenen und von dem der Welt.

Wir können aber nur zum Himmel der Wahrheit hinstreben wollen, denn die Wahrheit ist eine Himmelsgabe und kann vom Menschen nicht erzwungen werden. Aus dem Geist der Wahrheit, dem wir uns anvertrauen und hingeben lernen und aus einem liebevollen und gütigen Anschauen der Welt, entspringt in uns allmählich eine himmlische Kraft, die wir Glückseligkeit nennen. Dieser dürfen wir zustreben.

Die Glückseligkeit ist nicht mehr vom Ich getragen, wie noch die innere Freude. Sie trägt vielmehr von „oben" und kommt einer Geistbefruchtung gleich. Wir leben in der Glückseligkeit in einem geistigen Sein.

So haben wir drei Ebenen des inneren Seins im Menschen gefunden, die uns ein Wohlsein und eine Erfüllung bringen: Die Lust, die Freude und die Glückseligkeit.

Die unterste Ebene, die mehr dem Leiblichen zugetan ist, ist die Lust. „Ich <u>habe</u> Lust", so drückt dies der Sprachgenius aus. Der Astralleib, der Bauch spricht.

„Ich freue mich", da spricht das Ich. Ein Herzensraum ist geöffnet. „Ich bin glückselig", das Geistselbst, das himmlische „Ich bin" umhüllt uns mit kosmischem Sein. Herz- und Haupteskräfte weiten sich in den Himmel hinein.

Die innere Freude bildet die Mitte, sie vermittelt zwischen Bauch und Haupt, zwischen Lust und Glückseligkeit. Sie kann vom Ich, vom Menschen erfasst und getragen sein.

Die Mitte ist die innere Sonne, das gesteigerte, das dritte Prinzip im Makro-Kosmos. Da haben wir zunächst die beiden Pole:

Osiris	und	Isis
dem Vater	und dem	Heiligen Geist
dem Weltenwillen	und	dem Weltengeist.

Das dritte Prinzip ist bekanntlich durch Horus, dem Sohn beziehungsweise dem Weltenwort, dem Logos gegeben.

Im „Vater unser"- Gebet wird diese Dreiheit angesprochen.

Dein Wille.... der Vater

Dein Reich... der Geist

Dein Name... der Sohn.

Im Namen Jesus Christus erscheint das dritte Prinzip, die Mitte, die vermitteln, ausgleichen, steigern und vereinen kann. Die Erscheinung Gottes ist im Namen: persönlich, ichhaft und wesenhaft. Der Name Gottes umfasst somit den irdisch-persönlichen Bereich, also den individuellen, den einmaligen Bereich und die Sphären des geistigen Ursprungs, in denen alles Einmalige, alle Vielfalt seine geistigen Wurzeln und Urgründe hat.

So will ich diesen Abschnitt hier mit einer Herzensmeditation beschließen, denn die menschliche und die göttliche Mitte wird im Herzraum geschaffen, der zwischen oben und unten, zwischen Geist und Leib, wie auch zwischen Himmel und Erde vermitteln kann.

Wie das leibliche Herz zwischen Systole und Diastole, zwischen Bewegung und Ruhe pendelt und schwingt, so das seelische Herz zwischen Aktivität und Passivität.

In der Aktivität lebt Bewegtheit, Wille. In der Ruhe die Wahrnehmung und das Erkennen. Eine Steigerung beziehungsweise eine Harmonisierung und ein Ausgleich dieser Pole erlangen wir, wenn das eigene Tun zurückgenommen wird. Stille - Geschehen lassen, aber dabei wach sein. Raum geben im Herzen. Stillesein vor Gott...

Dies bedeutet einen inneren, einen seelischen Aufblick und zugleich ein ganz tiefes nach Innen schauen, eine innere Öffnung zu schaffen. Ganz da sein, ein intuitives Gegenwärtigsein darf sich einstellen. Lauschen.... Sich erfüllen lassen im Herzen. Innere Kraftströme wahr- und annehmen. Erfüllt werden mit weißem, mit himmlischem Licht. Eine Bewegung von Innen her ereignet sich nach einiger Zeit, die nicht mehr vom eigenen Wollen geleitet ist. Die Gotteskraft bewegt von Innen her.

Ich bin. Aber da ist noch etwas anderes in mir. Es denkt in mir – das Weltendenken. Es fühlt in mir - das Weltenweben. Es will in mir – der Weltenwille.

Im Herzen geschieht die Begegnung: von oben strömen die Weltgedanken und durchfluten mich. Von unten trägt der Weltenwille und durchkraftet mich. In der Mitte fühlt das Herz der Welt in mir. Die Weltenseele fühlt und webt in mir, so dass die eigene Seele sich weiten und sich mit ihr erfüllen kann. Sie öffnet, durchdringt und trägt mich in Freude. Glückseligkeit umhüllt und durchlichtet mich von oben. Wohlsein, lebendige Wärme und Geborgenheit halten und stärken mich von unten.

Der ganze Mensch ist weit, offen und durchströmt. Im innersten Herzraum lebt ein Stern, ein Licht. Dieses bekommt von allen Seiten, von oben und unten, von innen und von außen Nahrung und Kraft. Das Herzenskind, unser wahres Selbst, will im Innern wachsen und sich verströmen, in die Seele, in den Leib und in die Welt hinein.

Spiritualität und Sexualität

In früheren Zeiten, vor allem im Mittelalter, dachte man, um in die geistige Welt hinein zu kommen, um also einen spirituellen Weg einschlagen zu können, muss die Sexualität überwunden werden, denn sie ist animalischer Natur. Alle niederen, „tierischen" Triebe und Bedürfnisse müssten zugunsten eines höheren Lebens geopfert werden. Vielfältige Askese- und Kasteiungsmethoden wurden dabei des öfteren angewandt, doch die Sexualität ist dadurch keineswegs gebannt worden. Sie wurde und wird durch Unterdrückung nur noch stärker im Seelischen und nahm damals teilweise sehr groteske und krankhafte Züge an. Dies kann in den Leben vieler Mönche, die allerlei Ersatzbefriedigungen schufen, studiert werden oder in der Inquisition, wo das ganze Ausmaß mitunter bis in dunkle, schwarzmagische Sexualpraktiken hineinführte. Man muss hier teilweise schon von Besessenheiten sprechen, da viele Inquisitoren in ihren eigenen verdrängten Seelenabgründen gefangen waren und somit von dämonischen Wesen getrieben werden konnten.

Oftmals waren sogenannte Hexenfolterungen mit missbräuchlichen Sexualorgien verbunden. Im Äußeren wurde von den im Zölibat lebenden Geistlichen versucht, ein moralisches Leben anzupreisen und den Mitmenschen aufzudoktrinieren. Gerade die Kirche mit ihren Dogmen und Moraldekreten übte so eine große Macht auf die Bevölkerung aus. Ins Innere dieser „Moralisten" brachen leider des öfteren dunkle, schwarzmagische Kräfte herein, die sich im Geheimen und Verschlossenen in vielen Perversionen auslebten. Und das geht bis in unsere Tage hinein, wenn man nur einmal die sexuellen Missbräuche an Kindern und Schutzbefohlenen betrachtet.

Folterungen, Vergewaltigungen und Hasstyraden auf alle natürlich und spirituell-humanistisch ausgerichteten Menschen, die nicht konform mit den kirchlichen Lehren und Dogmen leben wollten, waren die Folge von „Strafmaßnahmen", mit denen man bei diesen Menschen das „Teuflische" austreiben wollte. Letztlich treffen solche dunklen Energien aber immer einen selbst, wenn man diese nur im „Außen" bekämpfen will. Eine Selbstzerstörung, zumindest im Seelischen, ist die Folge, wenn etwas Inneres nicht angenommen und nach Außen projiziert wird. Man sucht Rache oder einen Ausgleich im Außen für das, was man im eigenen Innern nicht sehen will.

Wenn die Sexualität verteufelt wird, gerät sie in die Macht des Teufels. Wenn sie dagegen vergöttlicht wird, verbindet sie sich wieder mit dem Göttlichen, sie wird „himmlisch".

Doch auch heute noch kommen sehr viele kranke und unerlöste Sexualenergien hoch, wenn man nur einmal die derzeitige Sexualisierung großer Teile der Gesellschaft anschaut. Durch die sogenannte Sexwelle im letzten Jahrhundert geschah notwendigerweise ein Tabubruch: alles darf und soll gelebt werden können. Doch der „Teufel" lässt seine Finger und Krallen nicht leicht los, so wie das in der Sexbranche, in der Werbung und in der Verquickung von Sex, Geld und Macht zu sehen ist. Leben wir alle unsere Neigungen einfach nur aus, verlieren wir recht bald die seelische Freiheit, eine Sucht entsteht. Der Sexismus wird zunehmend eine gesellschaftliche Gefahr werden, wenn auch heute noch viel Geld damit verdient werden kann. Die krankhaften und kriminellen Auswüchse zeigen aber sehr deutlich, dass große Teile des Sexuellen noch immer dämonisiert und damit noch nicht erlöst sind.

Was ist der Sinn der Sexualität?

Natürlich zunächst ganz offensichtlich die Fortpflanzung und viele religiös und spirituell eingestellte Menschen sehen darin den einzigen Sinn. Doch dann laufen wir schon wieder Gefahr, sie verdrängen zu wollen. Nur nicht rann an das „heiße Eisen".

Wo ist die gesunde Mitte zwischen einem Negieren, einem Verdrängen und einem hemmungslosen Ausleben?

Zunächst gilt es erst einmal, sich und die eigene Sexualität, so wie sie eben ist, anzuschauen, das was in der Seele lebt - auch unsere Begierden, Leidenschaften und sexuellen Abgründe. Vieles will da ja nachgeholt sein, was in früheren Zeiten nicht gelebt werden durfte. Eine Grundvoraussetzung dabei ist, dass wir mit wachem Bewusstsein anwesend sind und dass wir unsere Seele und unseren Leib dabei lieben lernen.

Wenn ich meinen Leib und meine Sexualität wirklich liebe, kann ich niemand anderen mehr schädigen. Lebe ich meine Sexualität offen, am besten in einer Partnerschaft aus, wird vielleicht viel Abgründiges, Ungesundes und einige alte Wunden hochkommen müssen, denn die Sexualität bietet enorme Hindernisse, Versuchungen und Abirrungen, aber auch zahlreiche Möglichkeiten zur Stärkung des inneren Menschen. Daher ist uns in der Sexualität auch ein Schulungsweg gegeben, so wie er zum Beispiel im östlichen Tantrismus geistesgeschichtlich aufgetreten ist. Dieser Schulungsweg, in einem heutigen Sinne angewandt, lässt uns in der ganzen Persönlichkeit, also im Ich wachsen, denn dieses Ich soll ja „Herr" sein im eigenen Seelen- und Leibesleben.

Somit kommt es entscheidend auf unsere innere Einstellung gegenüber der Sexualität an. Der Glaube ist wichtig. Der Glaube, dass das Licht des Geistes auch in der sexuellen Handlung anwesend sein kann. Der Glaube ist eine Geisteskraft, die über das Leibliche „herrschen" kann, ohne es unterdrücken zu müssen. Darum: Glaube an die Macht des Geistes!

Dabei darf man sich verabschieden von dem Gedanken, dass Sexualität etwas Unreines und Schmutziges ist. Dies wurde uns ja über Jahrhunderte hin eingepflanzt.

Der Geist im Menschen bestimmt, wohin es zukünftig im Leben gehen soll. Er sucht und definiert ein Ziel, auch im Sexuellen. Im Geiste sind wir nämlich frei. Wir können an einer lust- und liebevollen Sexualität arbeiten oder versuchen, sie zu transformieren, das ist in unsere Freiheit gestellt. Die Liebe wandelt, sie schafft Wärme und Zuneigung und sie dringt auch in die dunklen sexuellen Abgründe hinein.

Den Leib, die Triebe und Begierden gilt es somit, lieben zu lernen; alle Teile des Leibes und des Lebens dürfen in eine Liebkosung einmünden. Nichts soll mehr abgespalten sein von mir - alles ist in

Liebe anzunehmen. Dann wird es auch unmöglich sein, einen anderen Leib schänden zu wollen.

Nehmen wir zum Beispiel die sogenannte Pädophilie, die „Liebe" zu Kindern. Ich habe den Eindruck, da sucht so mancher den keuschen und reinen Leib der Kinder, weil er den eigenen nicht als gut und rein empfinden kann und ihn daher nicht liebt. So entsteht eher eine Hassliebe, weil zumeist ein altes und unaufgearbeitetes Trauma verhindert, den eigenen Leib zu lieben. Eine Projektion der eigenen Abgründe, Verdrängungen und Wunden auf wehrlose Kinder lässt keine Heilung zu, im Gegenteil, man wird dadurch nur noch kränker.

Somit zeigt sich im Tantra auch eine therapeutische Notwendigkeit. Tantra heißt: vernetzen. Alles Abgespaltene soll wieder integriert und vom ganzen Menschen angenommen sein.

Die Sexualität bietet uns somit große Lernaufgaben. Dabei dürfen wir eine kreative und spielerische Weise ausprobieren und damit auch experimentieren, ohne die Achtsamkeit und die Bewusstheit zu verlieren. Man muss sich dazu natürlich ein Stück weit gehen lassen können, sich öffnen, aber auch noch sich selbst beobachten, wach sein und eine Selbstdisziplin bewahren können. Eine geführte Entgrenzung wäre anzustreben. Ich weite mich über meine Grenzen hinaus, zum Du, in achtsamer und behutsamer Weise. Im Herzen bleibe ich dabei liebevoll und keusch, wenn auch sonst sehr dynamische Kräfte walten mögen. Die Keuschheit im Herzen schützt vor den dämonischen Abgründen, die in der sexuellen Begegnung immer auftauchen können, um unsere Lebenskräfte abzusaugen. Diese können aber nur wirken, wenn wir nicht mit der ganzen und reinen Herzens-Liebe dabei sind.

Mit der Zeit und mit viel Übung kann sogar eine meditative Haltung während der sexuellen Handlungen entwickelt werden. In bestimmten Zeiten des meditativen Lebens gilt es, sich auf den lebendigen, auf den göttlichen Geist zu besinnen. Diesen dürfen wir eben auch in alle Alltagshandlungen hineintragen. So erreichen wir allmählich eine meditative Grundstimmung im Leben. Und das in allem - auch im Sex, in der Geilheit und Lüsternheit, im Trieb und in der Leidenschaft. Letztlich geht es ja um eine Ent-Dämonisierung der Sexualität. Diese erreichen wir, wenn wir uns ganz mit dem Spirituellen und Göttlichen verbinden, auch bei allen sexuellen Handlungen.

Das innere Licht, die innere Sonne mögen wir im Herzen bewahren und von da aus in den „Abgrund" hineintragen. Natürlich kann es dabei auch passieren, dass wir uns ganz im Sinnlichen verlieren, denn die Kräfte der Begierden und Leidenschaften sind sehr vereinnahmend. Da kann schon mal ein mühsames Befreien notwendig werden, wo wir erneut zum inneren Licht emporstreben und darum kämpfen müssen. Immer wieder wird dies nötig sein, bis wir gelernt haben, die sinnlichen Kräfte handhaben zu können.

So sind dann auch manchmal Zeiten der sexuellen Enthaltsamkeit ratsam, in denen wir uns mehr dem Geistigen zuwenden. Gerade in der Winterzeit sollten wir eher sparsam mit den Lebenskräften umgehen, während im Frühjahr und Sommer das ganze Leben nach sinnlicher Betätigung ruft. Kommt der lebendige Geist hinzu, wird das Sinnliche impulsiert und beflügelt. Immer neue, kreativere und feinere Arten des Zusammenseins können sich daraus ergeben. Dadurch bleibt auch das Licht, das Geistige nicht nur ideell und abgehoben. Es wird irdisch und da natürlich attackiert. Es muss sich darin bewähren lernen. Es wird nämlich erst durch Widerstände und Prüfungen stark und eigen. Erst in der Verwandlung, in der Metamorphose des Dunklen, Unbewussten und Abgründigen, das zum Beispiel durch ein altes Karma geschaffen wurde, wird das Licht bodenständiger. Das Leben im Alltag auf der Erde beginnt das Spirituelle, das geistige Licht auch nicht mehr zu meiden und auszugrenzen. Das natürliche Leben nimmt den Geist viel stärker an, wenn dieses nicht mehr als etwas Minderes betrachtet wird. Der irdische Alltag und das leibliche Sein, sie tragen dann auch das Geistige. Ein drittes Prinzip ersteht zwischen Leib und Geist, das beide Pole annehmen und verwandeln kann

Doch das ist ja alles leichter gesagt als getan. So gilt es vor allem zunächst einmal, den eigenen Geist zu stärken, erst dann können wir das schaffen. Denn der Geist in meinem Ich, durch mein Ich, kann bestimmen, welche Vorstellungen und Gedanken ich auswählen will. Auf die Triebe und Leidenschaften haben wir keinen so starken Einfluss; nur diese verändern zu wollen, ist meistens nicht sehr erfolgversprechend. Aber welche Vorstellungen wir mit den leiblichen Begehrungen verbinden, da sind wir doch viel eher frei. Perverse, abgründige und kriminelle Vorstellungen sind auszulöschen und durch freundliche und humane Gedanken und Vorstellungen zu ersetzen, ansonsten ziehen wir durch das leidenschaftlich Abgründige bestimmte dämonische und elementare Wesen an, die dann nicht mehr so leicht loslassen und das krankhaft Begierdenhafte nur noch verstärken wollen. Auch Dämonen wollen sich ernähren. Die sexuellen Lebenskräfte sind deshalb heiß begehrt. Das sollten wir immer auch noch beachten.

Letztendlich sollen wir auch diesen dunklen Wesen geistiges Licht zusenden, damit sie erhellt und gewandelt werden können.

Aus dem Licht, aus dem ideellen Geist und der verwandelten Finsternis, also aus den eigensüchtigen und dämonischen Welten ersteht mit der Zeit, wenn diese erkannt, angenommen und erlöst worden sind, eine seelisch-geistige und leibliche Ebene in einer Partnerschaft, wo der Partner zum Gefährten, zum Freund, zum Geliebten, zum Mann oder zur Frau, zum Spiegel, zum Ventil, zum Ärgernis und damit immer auch zu einer Selbsterkenntnis heranreicht. In Freundes Hand gehen wir gemeinsam ins „goldene Land".

In solch wahrhaftiger und ehrlicher Verbundenheit kann die Sexualität und der Sexualakt allmählich zu einem Fest, zu einer Vereinigung von Leib, Seele und Geist gereichen. Eine Öffnung im Leiblichen, im Seelischen und im Geistigen will sich ereignen. Die Sexualität wird darin zelebriert; sie wird göttlich und sie wird irdisch zugleich. Sie ist ja selbst ein Ausdruck von archetypischen Kräften. Daher kann sie so viele verschiedene Facetten annehmen, von der „Heiligen bis zur Hure", vom Vergewaltiger bis zum eingeweihten Priester.

Der Leib ist der Tempel des Geistes. An jeder Stelle des Körpers offenbaren sich andere geistige Kräfte. Da gibt es lichtvolle Gegenden und Regionen, wo wir uns leichter schützen und bewahren können oder aber auch leiblich-sinnliche Bereiche, die einen stärkeren Schutz und manchmal sogar eine Schulung benötigen. Ja, eine enorme Sinnesschulung ist uns im Leben der Sexualität, vor allem zusammen mit einem Partner, als eine Möglichkeit gegeben, wie sie sonst nirgends so stark sein kann. Dabei kann man differenzieren zwischen den leiblichen, den seelischen und den geistigen Sinnen. Die Sinne wurden schon an anderer Stelle dieser Schrift und auch in früheren Schriften angesprochen und sollen deshalb hier nicht mehr grundlegend erläutert und daher auch nur noch im Zusammenhang mit der Sexualität betrachtet werden.

Die leiblichen Sinne sind noch am stärksten mit einem selbst, also mit dem irdischen Menschen verbunden. Der Tastsinn, der uns normalerweise sehr vertraut ist und eine gewisse Sicherheit im Leben vermittelt, sowie der Bewegungssinn, durch den die eigenen Bewegungen und Freiheitsmöglichkeiten wahrgenommen werden, dann der Lebenssinn, mit dem man sich selbst fühlend und erlebend wahrnehmen kann und schließlich der Gleichgewichtssinn, durch den wir eine innere Stabilität und eine innere Ruhe finden können, diese Sinne bewirken ein Ergreifenkönnen des Leibes. Die Seele nimmt sich über den Leib und dessen Sinne selbst wahr, wird somit heimisch im Tempel des Leibes.

Die seelischen Sinne zeigen uns selbst, sie halten unserer Seele einen Spiegel vor. Der Geruch, der Geschmack, das Sehen und die Wärme, sich warm fühlen können, diese Sinne sind sehr subjektiv, also von Mensch zu Mensch verschieden, so wie dies vor allem am Geschmack recht deutlich wird. Strenge Gerüche und Geschmäcker, wie auch visuelle Reize und Anziehungen offenbaren innerseelische Vorlieben und Abneigungen. In diesen Bereichen ist daher eine Wandlungsarbeit angesagt. Hier können wir unsere subjektiven Einstellungen und Neigungen annehmen und erlieben lernen. Dadurch wird erst eine Wandlung möglich. Alles gilt es lieben zu lernen, den Leib, die Seele mit ihren Neigungen, den Mitmenschen, die Mitwelt und den Geist.

Die geistigen Sinne: Hören, Denken, sich in der Sprache verständigen und sich im Inneren selbst wahrnehmen können, als Ich und dann in der Folge auch das Ich im Du, im anderen Menschen, sind kommunikative Sinne, die uns mit den Realitäten in der Welt zusammenbringen wollen.

Im Leiblichen, durch die leiblichen Sinne sind wir noch ganz bei uns. In den mittleren, in den seelischen Sinnen, zeigt sich eine Wandlungs- und Erkenntnisarbeit. Das Innere wird zunächst noch durch das Außen bewegt. „Das gefällt mir, das nicht". Eine subjektive Einschätzung der Welt soll auf dem Geistesweg aber allmählich erweitert werden. Durch die höheren, die geistigen Sinne wachsen wir über uns selbst hinaus. Zum Beispiel können wir durch den Ich-Sinn das eigene Ich wahrnehmen, dadurch aber auch das Ich des Anderen und letztlich auch das Gottes-Ich beziehungsweise das höhere Selbst, wenn sich das eigene, das persönliche Ich in die große Welt hinein weiten kann. Alle Iche urständen letztlich im Gottes-Ich. Somit gilt es, das eigene Ich über die Grenzen des Irdischen hinaus zu erweitern. Ich bin unendlicher Geist, nicht Materie, nicht Seele und nicht Leib, denn der Leib muss sich ja jede Nacht ausruhen, sich erholen und ist irgendwann einmal verbraucht. Der Geist inspiriert, impulsiert, führt und gestaltet das Sein, auch das seelische, das im Schlaf vom höheren Ich mit neuen Impulsen ausgestattet werden kann. Dieser universelle Geist urständet letztlich in der übergeistigen, in der göttlichen Welt.

Dies zu erkennen, zu erfühlen und zu erfahren ist wahrer Glaube. Ein Glaube, der Berge versetzt, das heißt, dieser Glaube erschafft die Möglichkeit, dass der lebendige Geist auch im täglichen Leben erfahrbar und sichtbar wird.

Wie kann sich nun der Einzelne, das einzelne Ich bemühen, um mit diesem lebendigen Geist, mit seinem wahren Wesen immer mehr zusammen zu wachsen?

Der Glaube an ihn schafft die Grundvoraussetzung. Die menschliche Seele hat sich im Weiteren dahingehend zu wandeln, dass sie eine „Wohnung" für den lebendigen Geist bereiten kann. Diese Wandlungsarbeit ist uns von Christus in den Seligpreisungen in der Bergpredigt verkündet worden, die einen Weg aufzeigen, wie sich die Seele zum Geist hin erweitern kann.

Selig sind: die Bettler um Geist
Selig sind: die das Erdenleid tragen
Selig sind: die Sanftmütigen
Selig sind: die hungern und dürsten nach dem Sein des Guten
Selig sind: die Barmherzigen
Selig sind: die im Herzen lauter sind, (die reinen Herzens sind)
Selig sind: die den Frieden in die Welt bringen
Selig sind: die Verfolgung erleiden, weil sie dem höheren Leben dienen
Selig sind: die geschmäht und verachtet werden, weil das Gottes-Ich in ihnen lebt.

Diese hier gekürzten Worte aus der Bergpredigt können auch heute noch ein Wegweiser sein, um sich mit der geistigen Welt verbinden beziehungsweise um sich dem göttlichen Geist nähern zu können. Die Seligpreisungen verbinden mit dem Himmel. Die Seele wird dadurch zum Träger des Geistes bis in die Materie, bis in das Irdische, bis in den Leib und in die Erde hinein, wenn wir uns mit dem Leib und mit dem Ort, an dem wir leben, verbinden und unsere Erdenaufgabe annehmen und erlieben, die uns schicksalhaft gegeben ist.

Wir schaffen eine Erdverbindung, wenn wir eine Verantwortung übernehmen für die Erde, für unser Erdenleben und es lieben und achten. Sein „Kreuz", das Erdenkreuz gilt es tragen zu lernen, in Liebe und zum Wohle des Ganzen.

In heutiger Zeit versuchen einige Esoteriker den spirituell suchenden Menschen mit energetischen Erdungsübungen auf ihrem spirituellen Weg zu helfen. Bis vor kurzem war das Hauptziel noch, eine „Erleuchtung" zu erlangen. Nun merkte man, dass das alleine auch nicht so recht funktionieren will, denn zu leicht hebt man bei diesem Streben ab und verliert den Alltagsbezug. In neuerer Zeit schlägt das Pendel auf die andere Seite, ein Erdkontakt wird gesucht. Das allein genügt aber auch noch nicht, denn unser Leib ist ja schon Erde. Und mit Energien zu arbeiten, ist ebenfalls nicht so einfach, denn es gibt die verschiedensten Energien, Frequenzen und Schwingungen und man sollte da schon etwas differenzieren und sich vor manchen sogar schützen, wie zum Beispiel vor den sogenannten Erdstrahlen oder den physikalisch-kosmischen Strahlen und gewissen elektromagnetischen Feldern.

Sich nur mit der Erdenergie verbinden wollen, erreicht die Seele meistens nicht tief genug. Diese ist karmisch geprägt und hat es oftmals dadurch so schwer, sich mit dem eigenen Leib auszusöhnen. Und darum geht es ja: sich mit ganzer Seele und mit dem Leibesleben den irdischen Aufgaben und den zwischenmenschlichen Angelegenheiten zu widmen. Da nützen meistens gewisse Erdungsübungen nicht viel, denn wir müssen eben selbst, mit dem wachen Ich in die Seele und in das Leibesgeschehen eintauchen und die Ereignisse und Emotionen, die Bilder und Erfahrungen des Seelischen, die verdrängt und noch unbewusst sind, emporheben und anschauen, denn diese hindern uns oftmals, den Leib und das Erdendasein mit Freude und Liebe anzunehmen. Letztlich geht es immer darum, sich nicht von alten, negativen und überholten Mustern in der Seele bestimmen zu lassen, sondern unser Leben selbstbestimmt gestalten zu lernen. Nicht der Leib, auch nicht die Erde, auch nicht die seelische Vergangenheit soll uns zukünftig bestimmen, sondern der freie Geist, der in Liebe seine Verantwortung für den Leib, für die Erde und für die eigene Seele im Erdensein, in der Schicksalsaufgabe annimmt und diese führen lernt - in alle Bereiche des Daseins hinein, auch in die der Sexualität.

Natürlich ist es dann auch segensreich, sich mit den Elementen und den Energien der Erde, also mit den Naturkräften zu verbinden. Feuer, Erde, Wasser, Luft und die Tier- und Pflanzenwelt, wie auch die Welt der Elementarwesen stehen uns helfend bei, auch in

Seelenangelegenheiten, die ja qualitativ und archetypisch mit den Tierwelten zusammenhängen. Die natürliche Welt lebt ja auch in unserem Sein, sie ist ein Teil davon. Wir sind nicht getrennt von ihr. Die Wesen und Geister aus den Naturreichen sind auch in uns, daher können eben bestimmte Pflanzen- und Tierkräfte für den Menschen heilend wirken. Eine Kommunikation und ein inneres Verbinden mit dem Geistigen in den Naturwelten ist segensreich und weitet den Menschen aus seiner egozentrischen Perspektive zu einem Sein und Werden in der Welt.

Schließlich können wir uns auch mit den Wesen und dem Geist der Sexualkraft verbinden und diese heiligen. Erstaunlicherweise kommen wir damit in die höchsten geistigen Gefilde und gleichzeitig in die dynamischsten irdischen Kräfte hinein. Shiva und Shakti, die kosmische Zeugungs- und die irdisch-geistige Lebenskraft sind in der Sexualität enthalten. So beinhaltet die sexuelle Zeugungskraft Himmels- und Erdkräfte in reinster Form. Deshalb ist die Sexualität auch so umkämpft. Meistern wir diese Kräfte, so führen sie wieder ins Geistige hinein. Sie stärken und erfüllen uns bis in die leibliche Gesundheit hinein und festigen die Bindung von Mensch zu Mensch in einer Partnerschaft und dann auch vom Menschen zum Göttlichen, denn daraus urständen sie.

In der Sexualität lebt die Fülle, das göttliche Leben, eine Energie vom Baume des Lebens. Dies zu erkennen und zu heiligen, das heißt, es ganzheitlich zu betrachten, inklusive aller Abgründe, bringt den Baum der Erkenntnis von Gutem und Bösem, also die duale Betrachtung, mit der Einheit des Seins, mit dem Baum des Lebens zusammen. Im Baum der Erkenntnis trennen und differenzieren wir. Dies ist notwendig in der irdischen Welt. Im Baum des Lebens sind wir jedoch miteinander vereint.

Die Sexualität will uns letztlich vereinen. In ihr ist der Geist vom Baum des Lebens, die Schöpferkraft selbst enthalten. Sie ist darum immer spirituell.

Dieser spirituelle Anteil ist also bei der Ausübung von sexuellen Handlungen immer, doch meistens noch unbewusst, anwesend. Er sollte jedoch vom Menschen angenommen, geheiligt und dadurch wieder zum Göttlichen emporgehoben werden - durch die Kraft der Liebe.

Die Liebe vermag es, bis in dunkelste und perverseste Abgründe einzutauchen, um den Schatz, der in der Sexualität verborgen ist, suchen und befreien zu können. Die Sexualität kann somit immer spirituell sein. Gerade sie muss nicht getrennt sein vom Geist, so wie das immer wieder behauptet wurde, denn ihr liegt der Geist der Einheit zugrunde.

Für eine weitergehende Beschäftigung zum Thema Sexualität verweise ich auf frühere Schriften von mir, vor allem auf das Werk: „Auf dem Weg zum Gral" und: „Partnerschaften im Lichte eines spirituellen Christentums". Denn diese Thematik kann in einem solchen Aufsatz hier natürlich nur angerissen werden und muss deshalb unvollständig sein. In der Sexualität ist uns ein weites Übungsfeld aufgezeigt, das vielleicht erst in zukünftigen Zeiten gemeistert werden kann. Denn bis wir das Leibliche ganz beherrschen und gestalten können, wird es noch viele Jahre und Inkarnationen bedürfen. Die seelischen Grundlagen dafür können wir aber heute schon begründen, wenn wir uns ein Verständnis für die mannigfachen Ebenen des Sexuellen erarbeitet haben. Dazu wollen diese Gedanken hier ja anregen. Auf dass die Sexualität immer mehr zu einem Ausdrucksmittel echter Mitmenschlichkeit und Liebe heranreife, die das Sinnliche mit den geistigen Weiten und Kräften vermählen kann. Damit darf und soll nämlich eine Durchdringung und allmählich eine Einheit von himmlischen und irdischen Kräften und Wesen in und durch den Menschen geschehen, der sich in Liebe und Verantwortung dem Leben der Welt und seinen Mitmenschen verschenken lernt.

Neues Denken

Auf die innere Einstellung kommt alles an. Oftmals sitzt jedoch in unserem Unterbewusstsein eine negative und ablehnende Haltung gegenüber manchen Dingen und Wesen der Welt. Diese negative Einstellung kann aus erzieherischen oder aus kulturellen Werten herrühren oder durch eigene vergangene Erfahrungen ausgelöst und geprägt worden sein. Wenn wir diese Dinge erneut anwenden oder mit Begebenheiten konfrontiert werden, die diese unbewussten oder gefühlsmäßigen negativen Einstellungen und Haltungen wiederum implizieren, so kann man feststellen, dass uns dadurch Kräfte und Energien geraubt wird.

Haben wir zum Beispiel beim Rauchen oder Trinken von Alkohol oder beim Essen von Süßigkeiten und ähnlichem ein „schlechtes Gewissen", dann schadet es dem Körper tatsächlich mehr, als bei einer positiven Einstellung zu einem guten Wein, einer süßen Torte und den vielen „negativen und ungesunden Dingen", die uns eine fleißige Werbung gerne anpreisen will. So ist es auch mit der Sexualität und eigentlich mit allen Dingen dieser Erde. Sie können bei richtiger und maßvoller Handhabung und mit einer gesunden und vernünftigen Einstellung sogar ein Stück weit zum Heil gereichen.

Das Wort Heil ist im Wort Heilig enthalten. Im Heil ist alles gut. Alles kann dann auch zum Heil gereichen. Der Heilige hat alles angenommen, nichts wird mehr verteufelt und ausgegrenzt. Da er alle Dinge und Werte innerseelisch integriert hat, muss er viele Dinge nicht mehr im Äußeren suchen. Er braucht sich nicht mehr mit ihnen auseinandersetzen, um an ihnen wachsen zu können.

Alles lieben können, heißt alles annehmen und gutheißen können, vor allem auch die unterbewussten und schwierigen Bereiche des Seins. In allem gilt es letztlich, immer auch noch ein Gutes sehen zu lernen. Natürlich gibt es unzuträgliche, gefährliche und krankmachende Substanzen und schlechte Sachen, Angewohnheiten und Eigenschaften. Das rechte Maß und ein gesundes, das heißt ein vernünftiges Anwenden dieser Dinge ist oftmals entscheidend. Die Dosis macht ja bekanntlich das Gift. Ein zu viel kann genauso schädlich sein, wie ein zu wenig.

Ein positiver Ansatz bedeutet aber nicht, dass wir das Schlechte und Kranke als gut hinstellen sollen. Doch in jedem Schlechten ist ein guter Sinn enthalten. Und wenn dieser auch nur der wäre, dass wir daran wachsen und stark werden können, zumindest von einem seelisch-geistigen Standpunkt aus gesehen. Es gilt daher, in allem noch einen Sinn zu finden.

Nehmen wir zum Beispiel das Wort Katastrophe. Katastrophen werden oft als naturbedingt angesehen, denen wir ausgeliefert sind, sei es vielleicht als eine „Strafe Gottes", weil die Welt so „schlecht" ist oder aber man negiert eine innere Bedeutung und schreibt alles dem Zufall zu. Von der Wortwurzel her bedeutet Katastrophe: Umkehr, Wendung. Der Sprachgenius weist somit schon auf einen Sinn hin und damit auf ein neues Ziel, das wir, durch Katastrophen ausgelöst, uns geben sollten. Diese mahnen zu einer Umkehr.

Den Sinn in allem finden zu wollen, bedingt natürlich eine Erkenntnisarbeit. Sich mit diesem Sinn verbinden, also mit dem Guten im „Schlechten und Bösen", lässt dieses Gute wachsen und das „Böse", die Einseitigkeiten und Unvollkommenheiten, sie können sich allmählich mit dem „Vollkommenen", mit dem Sinnhaften und Guten füllen und werden dadurch miterlöst. Ist das Negative erkannt und durch das Gute gewandelt und erlöst, braucht es uns nicht mehr prüfen und peinigen. Das Gute und Heile, sowie das geistige Erkennen und sinnhafte Tun, kann sodann alle Bereiche des Daseins erfüllen und damit wandeln helfen.

Mit einer lichtvollen inneren Einstellung allen Dingen und Wesen gegenüber, gewinnen wir den Zugang zu einem tieferen Sinn und Sein und damit zu einer Ganzheit, denn wir grenzen in dieser Haltung nicht mehr aus, verurteilen nicht mehr, sondern nehmen an, werden ganz und heil.

Einen Sinn zu finden, ist immer gut. Und alles in der Welt hat einen Sinn, einen tiefen, einen innenliegenden Sinn. Diesen Schatz zu heben, also die Sinnsuche, ist eine Lebensaufgabe für jeden Menschen, der sich in seinem Leben zum Guten hinorientieren will.

So möchte ich in diesem Zusammenhang den österreichischen Psychiater und Gründer der Logostherapie Victor Frankl erwähnen. Er ist ein lebendiges Beispiel für einen Menschen, der im tiefsten Abgrund, im Holocaust noch einen Sinn, nämlich sein inneres Sein und Werden gefunden hatte. Auch das Dunkelste hat in sich irgendwo noch ein helles Licht beziehungsweise fordert es dieses innere Licht gerade erst heraus – oder aber man resigniert am Dunklen, am Schlechten und geht daran zugrunde. Den Sinn finden, heißt folglich auch, ein Licht zu finden.

Eine positive, innere Einstellung den Dingen und Menschen gegenüber und ein Erkenntnisringen, das von einem Willen getragen wird, die Aufgabe, das Problem, das Negative zum Guten hin zu wenden, es zu erlösen, diese seelischen Qualitäten, sie führen uns zum tiefen Sinn, zum Licht.

Das neue Denken ist somit nicht nur eine Kopfsache, sondern vor allem auch eine Herzensangelegenheit mit der Kraft eines starken Willens. So möchte ich hier ein paar Grundlagen anführen, wie das Denken in der menschlichen Seele determiniert und geschaffen ist.

Zunächst haben wir ja die drei Seelentätigkeiten des Denkens, Fühlens und Wollens. Das Denken hat dabei eine Tendenz und Beziehung zum Geist, das Fühlen zur Seele selbst und das Wollen zum Leibe hin. Doch diese drei Bereiche sind wieder in sich dreigegliedert, so wie ich dies für das Denken hier beschreiben will.

Das Denken kann rein im Denken, also im Gedanklichen verharren oder sich mehr mit dem Fühlen oder mit dem Wollen verbinden.

Das Denken im Denken schafft Klarheit, Objektivität und eine Wissenschaftlichkeit; im Negativen ist die Gefahr der Kälte, der Wissensgier und des Abstrakten gegeben.

Das Fühlen im Denken kann sich zu einem mitfühlenden Denken, zum sogenannten Herzdenken ausbilden. Das Herz begleitet und durchdringt dabei unser Denken. Im Negativen und Ungeläuterten ist es emotional getrieben und egozentrisch.

Das Wollen im Denken, der sogenannte Denkwille, zeigt sich zielgerichtet, entschlossen und konzentriert. Im Negativen kann Eifer und Fanatismus das Denken beherrschen.

Alle drei Ebenen des Denkens gilt es somit zu schulen. Sich seines Denkens bewusst zu werden, heißt, dass wir uns im Denken selbst erleben. Dies ist sehr stark persönlichkeitsbildend. Das denkende Denken, das Denken, das sich selbst und seine Gedankeninhalte beobachtet und denkt, kann sich der Objektivität und Wahrheit nähern. Im gefühlten und fühlenden Denken befruchtet das Denken, also unser Wachsein, unser Bewusstsein, das Seelenleben der Gefühle und Empfindungen. Umgekehrt wird das Denken durch Gefühle beseelt und erwärmt. Das Denken in den Willen hineinbringen, bedeutet nun, Bewusstsein und Licht in das leibliche Sein zu lenken. Der Wille erfährt im Denkwillen eine Zügelung und Straffung, eine Zielgerichtetheit und damit eine Läuterung. Andererseits bekommt das Denken durch den Willen Kraft, Ausdauer und Konzentration.

Im denkenden Denken werde ich mir meiner selbst bewusst. Im fühlenden, sonnenhaften Denken verbinde ich mich innerseelisch mit mir selbst und mit den Inhalten der Welt. Ich erlebe und fühle mich in mir. Und im wollenden Denken, im Denkwillen, setze ich mich selbst als ein Freiheitswesen. Der Wille wird dabei nicht mehr sich selbst überlassen; er wird diszipliniert. Ich will dieses oder jenes, weil ich es gedacht und gefühlt und es für mich als richtig erkannt habe und es deshalb umsetzen will. Eine freie und mündige Persönlichkeit ist das Resultat eines solchen Denkens.

Den Willen zum Guten müssen wir in uns selbst erzeugen. Er ist in die Freiheit des Menschen gestellt. Eine liebevoll betrachtende, innere Einstellung strömt aus dem Herzen und verbindet uns mit der Welt, wenn wir das Gute darin sehen wollen. Eine erkennenwollende Haltung ist achtsam und schaut auf das Wesen in den Dingen der Welt. Die Welt kann sich darin offenbaren. Eine

Schulung des anschauenden und achtsamen Denkens, des Denkwillens und des Herzdenkens, also einem objektiven, wachbewussten und klaren Einfühlen, Empfinden und Reflektieren in sich selbst, eröffnet der Seele größere und tiefere Bereiche und Ebenen des Seins.

Ein geschultes Denken vermag sogar das Weltendenken, die Weltgedanken wahrzunehmen, die überall um uns und dann auch in uns zu finden sind. Das Denken wird durch eine Erweiterung und Spiritualisierung zum Wahrnehmungsorgan für die „große Welt".

Das Denken wird dabei allmählich zu einem Werkzeug, nicht nur für mich, nicht nur für die Persönlichkeit, denn diese wandelt sich und nimmt den lebendigen Geist in sich auf. Ich suche und diene dem Geist.

Somit beinhaltet das Denken selbst eine Polarität. Es ist Wahrnehmungs- und Erkenntnisorgan zugleich.

Zunächst ist uns die Welt in der folgenden Polarität gegeben:

Wahrnehmung - Denken
Erscheinung - Begriff
Phänomen - Idee

Diese Pole gilt es in einem ganzheitlichen Ansatz zusammen zu bringen und sie dann zu steigern, so wie ich dieses Prinzip schon früher beschrieben hatte. Mit dem denkenden Denken können wir nicht nur Dinge der Welt benennen, begreifen und erkennen, sondern auch die Gedanken selbst wahrnehmen. Wo kommen diese her?

Beobachte ich mein Denken und die Gedankeninhalte und nehme dann den Eigenwillen im Denken zurück, lasse also die auftauchenden Gedanken in meinem Bewusstsein sich selbst aussprechen und schaffe zudem in mir noch einen Raum der Ruhe, der Stille und der konzentrierten Aufmerksamkeit, wodurch allmählich alle eigenen seelischen Regungen schweigen, so wird damit ein offener Raum in mir geschaffen für Gedanken, Ideen, Imaginationen und Inspirationen, die wesenhaft sind, die also von geistigen Wesen entstammen. Die Seele stimmt sich dabei im Gefühl, in der Empfindung und im Wollen ein auf das innere Licht, auf die Wahrheit oder eben auf das, was in der Seele erscheinen will. Somit dürfen wir im Weiteren immer mehr lernen, sich in eine Sache, zum Beispiel in ein Problem der Seele, das auftaucht oder in eine Idee, die aufblitzt oder in innere Bilder, die erscheinen oder in das Licht der Wahrheit oder einfach in die Stille, die sich ergibt, reinzudenken, reinzufühlen und darin ganz eintauchen zu wollen.

Diese inneren Impulse, Ideen, Aufgabenstellungen und Intuitionen gilt es aufzugreifen und ihnen weiter zu folgen. Den Gedankenläufen und Gefühlserlebnissen dürfen wir nachgehen und sie beobachten. Inspirationen und Imaginationen können sich so ergeben und mit der Zeit auch immer besser wahrgenommen werden. Die innere seelische und zuweilen auch die geistige Welt denkt und fühlt in solchen Gedanken, Vorstellungen, Begriffen, Ideen und seelischen Erscheinungen.

Die Weltgedanken offenbaren sich in einem geschulten Denken, das Kopf, Herz und Hand umschließt und sich dem „Großen" öffnen kann.

Das Herz erspürt die Liebe, die in der Welt, in ihrem Grunde waltet und sie zusammenhält. Eine innere Haltung der Demut gegenüber der Welt, der Milde und des Mitgefühls mit Allem, kann uns immer mehr ins eigene Herzzentrum hineinführen, woraus die Gottesliebe, der Christus in uns, entspringt. „Ich und die Welt sind schließlich eins".

Die Welt ist von Gottes warmer Liebe durchströmt. Sich mit ihr zu verbinden, heißt, das Göttliche in sich zur Wirkung kommen zu lassen. Darauf zielt die Herzensmeditation durch die mantrischen Worte: „Die Christuskraft ist in mir" oder einfach nur: „Christus in mir".

Man kann sich zusätzlich von Zeit zu Zeit, am besten am Morgen oder vor dem Schlafen, zu dem obengenannten Mantra einen leuchtenden Stern, eine innere Sonne oder einen leuchtenden Kristall im Herzen vorstellen, dessen Licht man einatmet und dann in den ganzen Körper hinein ausatmet. Diese Wort- und Lichtkraft im Innern kann nun mit der Liebekraft des Herzens verbunden werden. Dies zusammen darf als ein „immerwährendes" Gebet erübt und ausgeführt werden, da das innere Wiederholen dieser Worte mit einer seelischen Beteiligung in vielen Alltagshandlungen recht einfach zu vollziehen ist. Diese Herzensmeditation lässt uns allmählich zusammenwachsen und einswerden mit dem Quell allen Seins, mit der Liebe selbst.

„Die Weltgedanken denken in mir. Die Weltenseele fühlt in mir und der Weltenwille wirkt in mir". Diese Sätze als Meditation geübt und in der Folge als eine innere Haltung, als innere Einstellung erlebt, lässt uns zusammenwachsen mit unserem höheren Selbst, mit dem Göttlichen in uns.

Somit können wir sehen, wie sich das Denken vom alltäglichen Plätschern und Konstruieren zu einem gezielten und gelenkten Inhalt hinentwickelt, so wie dies eben ganz besonders in einer Meditation erreicht wird. Im Denken findet sich der Mensch als eine Persönlichkeit, die sich durch das Denken selbst erkennt und sich in ihm weiten kann, hin zu den Belangen, Erfordernissen und Aufgaben in der Welt. Es kann sich in einer stetigen Erweiterung allmählich sogar zu einem Wahrnehmungsorgan für die Bereiche, die den Sinnen zunächst verschlossen sind, heranbilden.

Der Denksinn erfasst die eigenen Gedanken und dann auch die der Mitmenschen und schließlich die der gesamten Welt mit ihren innewohnenden Gesetzen, Kräften und Wesen. Der Mensch weitet sich dadurch über sich selbst hinaus, er überwindet beziehungsweise er vergrößert den kleinen, den persönlichen Menschen, indem er ihn erkennt, annimmt und lieben lernt. Und die Liebe ist es auch, die uns mit der großen Welt und damit mit dem „großen", dem idealen, dem göttlichen Menschen in uns verbinden kann. Die Liebe des Menschen und die Liebe Gottes im Menschen sind schließlich eins. Das neue Denken hat dies erkannt.

Wandeln ins Licht

Wo Licht auf Gegenstände scheint, entsteht ein Schatten, im Außen wie im Innen. Das heißt, dass nicht nur die Dinge beleuchtet werden, sondern auch die Schattenseiten hervortreten. Beide Seiten, die Licht- und die Schattenkräfte, gilt es daher im Leben zu erkennen. Das innere Licht darf und soll in der Seele gestärkt werden. Dann kann es auch den inneren Schatten, das, was wir bisher noch nicht wahrgenommen und durchlichtet haben, beleuchten. Dieser Schattenanteil wird somit sichtbar und vielleicht auch erst einmal übermächtig erscheinen. Lange ruhten manche Kräfte im Unbewussten der Seele. Erfülle ich mich mit den Kräften des Lichtes, so werden die Schattenkräfte geweckt und sie dringen in die Seele ein. Da können sie nun angenommen, erkannt und gewandelt werden - mit der Hilfe des Lichtes.

Die Seele will ins Licht, hin zum Geiste streben. Denn dort ist ihre ursprüngliche und eigentliche Heimat. Dazu ist zunächst der sogenannte Astralleib, unser Seelen- beziehungsweise unser Sternenleib zu läutern. Dieser Läuterungsweg entspricht dem siebenfachen Planetenweg, wie auch der sogenannten Jakobsleiter im Alten Testament oder den sieben Chakrenstufen im Menschen.

Grundsätzlich ist bei diesem Seelenweg die Balance von männlichen und weiblichen Kräften in sich zu finden. Und dies auf den verschiedenen Ebenen des Irdischen, des Seelischen und des Geistigen.

Der weibliche Weg der Seele wäre nun, dass sich der Mensch in sich zu Hause fühlt, in der eigenen Seele und im Leib. Das beinhaltet letztlich die Einwohnung des lebendigen Geistes in sich und da bis in den Leib hinein. In indianischen Kulturen wird dieser weibliche Weg der Bärenweg genannt. Dabei soll die Seele geläutert werden, was vor allem die Bewältigung der Vergangenheit betrifft. Ist die Seele allmählich geläutert und reiner geworden, so kann der lebendige Geist darin immer stärker einwohnen.

Der männliche Weg der Seele wirkt mehr nach Außen, in die Welt.

Die Indianer nennen ihn den Adler-Weg. Dabei sind vielfältige Hindernisse zu überwinden und bestimmte seelisch-geistige Kräfte aufzubauen. Das Entscheidende hierbei ist, dass sich der Mensch eine Zukunftsvision und Ziele setzt, die er im Leben noch erreichen will.

Sicherlich gibt es Zeiten, in denen mehr der eine Weg anliegt und dann der andere. Gerade leben wir gesellschaftlich gesehen in einer Zeit, in der viel „Altes" hochkommt und aufgearbeitet werden soll. Die Vergangenheit, das Unverarbeitete holt uns sonst immer wieder ein. Trotzdem dürfen wir dabei die Zukunftsgedanken und unsere Ziele nicht aus den Augen verlieren.

Letztlich geht es ja um ein Gleichgewicht von Innen und Außen beziehungsweise von Irdischem und Himmlischem und dann auch von Weiblichem und Männlichem. Wir dürfen dafür die Hilfen aus den geistigen Welten in Anspruch nehmen. Eine Zusammenarbeit mit den geistigen Wesen des Lichtes schenkt uns eine Führung und einen inneren Halt. Diese Wesen warten aber auf unseren Impuls, ihnen eine Frage oder ein eigenes Ziel zu formulieren, denn wir sind im Hinblick auf das innere und das äußere Streben in die eigene Freiheit gestellt. Diese Freiheit wurde in unserem Kulturraum in den vergangenen Zeiten hauptsächlich für die Eroberung und Beherrschung äußerer Dinge verwendet.

Die geistige Welt dirigiert somit auch nicht mehr, denn als erwachsene Menschen sollen wir unsere Erdengeschicke selber lösen und lenken lernen. Daher sind gewisse Ratschläge medial veranlagter Menschen mit einer gewissen Vorsicht zu behandeln. Ansonsten machen wir uns selber „klein", unfähig und abhängig von Anderen. Ins eigene Innere hinein zu lauschen, was da noch alles an Bedürfnissen, Neigungen, Ängsten, Sehnsüchten und Gewohnheiten und damit an Wandlungspotential vorhanden ist, sollte daher unbedingt beachtet werden. Dabei können uns natürlich auch die Mitmenschen oder ein Therapeut und Begleiter behilflich sein.

Somit kommt dem Bärenweg heute eine besondere Bedeutung zu, wo es verstärkt darum geht, ins Innere der Seele ein geistiges

Licht hineinzubringen. Sich ganz mit Licht erfüllen - zum Beispiel in dem wir Licht einatmen und dann zu den dunklen und belasteten Stellen in der Seele und eventuell in den Leib hineinschicken - ausatmend. Im Weiteren wird es mit der Zeit vielleicht auch möglich sein, dieses Licht in die Welt hinein ausstrahlen beziehungsweise ausatmen zu können.

Die Finsternis weicht vor dem Licht, das ist nur eine Frage der Zeit. Zuerst wird die Finsternis durch das Licht beleuchtet. Das Dunkle kommt dadurch verstärkt zur Erscheinung. Eine Selbsterkenntnis ist nun verlangt. Man kann zum Beispiel in physikalischen Versuchen beobachten, wie der Schatten sehr klar erscheint, wenn sich die Lichtquelle in etwas weiterer Entfernung von einem Gegenstand befindet. Je näher die Lichtquelle zu einem Gegenstand herankommen kann, um so größer, aber auch um so unkonturierter und diffuser wird der Schatten. Er dehnt und weitet sich, wird dabei aber immer dünner und heller. Wird der Gegenstand und die Lichtquelle eins, das heißt mit anderen Worten, ist das Licht im Gegenstand selbst enthalten, verliert sich der Schatten ganz. Er hat sich quasi im Licht aufgelöst.

Sich ganz mit Licht erfüllen, in der Meditation, im Atem, im Gefühls- wie im Denkleben, schafft eine Wandlung. Das Negative wird allmählich weichen.

Kein Ankämpfen gegen die destruktiven und negativen Kräfte in sich ist daher verlangt. Wir müssen uns nur auf die Seite des Lichtes stellen, ganz Licht werden. Das Dunkle ist anzuschauen, anzunehmen und zu bejahen. Es gehört zu unserer Entwicklung mit dazu. Die guten Kräfte dürfen sich daran erstarken. Denn oftmals ist es gar nicht so einfach, sich vom Dunklen zu lösen. Da ist bisweilen schon ein inneres Ringen und Abstreifen vonnöten. In freiem Wollen sich zum Licht hin zu bewegen, bedingt manchmal auch eine sehr große innere Arbeit und eine entschlossene Willenskraft.

Das Dunkle und Negative kann im Licht und in der Liebe allmählich aufgelöst werden. Zum Licht, zur Erkenntnis muss Wärme, muss Liebe hinzukommen. Die Wärme schmilzt um. Sie ist uns seit Urzeiten gegeben, in der Sonne und in der Innenwärme des Blutes. Wärme ist spürbar gewordene Liebe. In der Übersteigerung wird sie zur Hitze und Leidenschaft; in der Minderung zur Kälte und Gefühllosigkeit. Folglich schafft eine wärmende Liebe die Mitte und den Ausgleich von Extremen. Nicht nur in der menschlichen Seele, sondern bis in die große Weltpolitik hinein.

Wo die Liebe walten kann, wird uns neues Leben geschenkt, neue Wege tun sich auf. Die Liebe schenkt uns neue Lebenskräfte, die wir in schwierigen biographischen Krisenzeiten so dringend benötigen – und dies heute weltweit.

Die „alte" Erde verbraucht sich immer mehr. Wir Menschen tun das Unsrige noch hinzu mit all den Umweltverschmutzungen und Mitweltschädigungen, die letztlich aber nur die eigenen Seelenverschmutzungen aufzeigen. Wie Außen, so auch Innen – dieser hermetische Grundsatz gilt auch hier.

Neue Kräfte für die Erde kommen aus der Liebekraft des All's und vom Geist der Erde, von Christus. Er setzte durch seine Erdenmission den ersten Impuls zu einer Heilung und Erneuerung der Erde. Jeder liebende Mensch trägt dann in der Fortsetzung und im weiteren Verbinden mit den Kräften der Erde und der Natur ein „Stück" Wandlungs- und Heilungsessenz bei. Wir Menschen dürfen der Erde unsere Liebe schenken.

Der Mensch hat in sich die Verbindung von der alten Erde, die in langen Zeiträumen von geistigen Wesen mit viel Weisheit aufgebaut wurde, hin zu einer neuen Erde, die mit Liebe erfüllt sein wird, zu bewerkstelligen. Entsprechend zeigen sich geschichtlich die Epochen des Vorchristlichen, dem Streben nach Weisheit und die des „Nachchristlichen", in denen die Liebe immer mehr zum Schlüssel für alles Heil gereichen soll.

Das Christliche, das für alle Menschen gilt, nicht nur für die Namens-Christen, es nimmt an, alles und erweitert es. Es darf und will nichts zerstören, auch nicht die alte Weisheit, wie dies leider oft passiert ist, so zum Beispiel mit der alteuropäischen, der keltischen und germanischen Kultur, insbesondere durch das Wirken Karl's des Großen und vieler dogmatischer Kirchenchristen.

Altes Wissen und Weisheit ist zu pflegen und zu bewahren. Es kann für die heutige Zeit umgearbeitet werden und dann auch für die Gegenwart und die Zukunft dienlich sein, wenn das Christusprinzip, wenn die Liebe hinzukommen kann. Letztlich soll eine Vermählung der Weisheit mit der Liebe geschehen können.

Auch heute können wir von der alten Weisheitserde noch sehr viel lernen. Das zentrale Element darin ist: Alles ist mit Allem verbunden. Mensch, Tier, Pflanze und Mineral sind im Geistigen eins. Diese Weisheit kann uns auch heute noch enorm hilfreich sein. Der Mensch soll ja die Naturkräfte beherrschen lernen, so wie dies auch in der Bibel steht: „Machet euch die Erde untertan". Aber nicht durch Gewalt, sondern durch Kenntnis, Achtung und einem Miteinander, eben durch Weisheit und Liebe.

Darin zeigt sich vor allem der männliche Weg, der sogenannte Adler-Weg, der sich aktiv mit den Naturwesenheiten verbindet. Alle Naturkräfte können nämlich auch im Inneren des Menschen entdeckt werden. In den verschiedenen Naturreligionen wurden Tier-, Pflanzen- und andere Naturkräfte und Wesen verehrt, als Totems oder zu Heilzwecken gebraucht, so wie dies ja heute noch in der Naturmedizin geschieht. Dadurch wurden und werden diese Naturkräfte auch im Menschen, innerseelisch und energetisch erlangt, zum Beispiel in den sogenannten Siddhi's, den magischen Kräften der Yogi's, die durch eine ätherische und seelisch-geistige Verbindung mit bestimmten elementaren, astralen oder geistigen Wesen erlangt werden. Schamanen, Medizinmänner und Geistheiler deuten ebenfalls auf diesen männlichen Weg im Umgang mit der „großen" Welt hin, mit der Welt, die erfüllt ist von geistigen Wesen und natürlichen, elementaren Kräften.

Leider wurde dieser Adler-Weg in unserer Kultur verdrängt und oftmals sogar bekämpft, wie im Mittelalter durch die Hexen- und Zaubererverfolgungen oder bei der Unterdrückung und Ausrottung der indianischen Kulturen. Eine abstrakte und kalte Wissenschaftsmedizin setzte sich an deren Stelle.

In der damaligen Fischezeit war vielleicht auch eher der Bärenweg, der weibliche Weg der Läuterung und des Glaubens angesagt. Heute, im Zeitalter des beginnenden Wassermanns, muss der Adlerweg wieder hinzukommen. Deshalb erleben wir zum Beispiel auch eine Renaissance des Schamanismus. Doch sollten wir eine Wissenschaftlichkeit hinzubringen, so wie dies den Qualitäten der Wassermannzeit entsprechen würde. Gute Ansätze dafür liefert zum Beispiel die Homöopathie oder der goetheanistische Ansatz für ein wissenschaftliches und doch behutsames und sich einfühlendes Vorgehen in und mit der Welt.

Heutzutage wird so viel Negatives, sei es in der Politik, in der Wirtschaft oder selbst im Kulturleben in die Welt und auf die Erde ausgeschüttet. Da braucht es vor allem Zukunftsvisionen, wie sie auf dem Adlerweg gefunden werden, um in einem positiven Sinne eingreifen und gestalten zu können. Zuerst sollte aber im Inneren eine gewisse Klarheit gewonnen werden. Der Bärenweg, die seelische Läuterung, ist eben eine Grundbedingung für das sich anschließende Wirksamwerden der guten Kräfte in der Welt. Sonst haben wir doch nur wieder Revolutionäre und Macher, die das alte Regime zerstören und ihre neuen Strukturen aufbauen und dagegensetzen wollen, doch der „neue Mensch" ist noch immer nicht dabei. Dies hat die Geschichte immer wieder gezeigt. Ohne eine seelische Läuterung und Wandlung werden die Menschen immer wieder zu Opfern ihrer Doppelgängerkräfte.

Im Christlichen wurde in der Vergangenheit deshalb auch eher die weibliche Seite, der Bärenweg, geachtet und erstrebt. Da ging und geht es vor allem um eine Selbsterkenntnis und Katharsis. Die Seele soll rein und empfangend werden für den Geist. Die Seele wird zur Jungfrau Sophia. Der Heilige Geist strahlt in den Menschen herein und erleuchtet ihn, das ist das Ziel dieses inneren Weges.

Nun möchte ich eine Aufstellung anführen, die eine Seelenbeziehungsweise eine Chakrenverbindung zu den Gruppenseelen bestimmter Tiere aufzeigt. Diese Aufstellung mit den entsprechenden Krafttieren kann sich der geneigte Leser meditativ aneignen. Dadurch werden sie im Inneren lebendig.

Die Krafttiere entsprechen den jeweiligen Energiezentren im

Menschen und können diese somit fördern. Ich habe hier Tiere gewählt, die in unserem Kulturkreis bekannt sind. Jede andere Kultur hat wiederum andere Tiere. So habe ich in Klammern zusätzlich Krafttiere aus der indianischen Kultur angeführt. Dies nur zur Veranschaulichung. Ein meditatives Arbeiten ist meines Erachtens für Menschen unserer Kultur mit den Tieren förderlich, die uns am Bekanntesten und Vertrautesten sind.

	Männlicher Weg Adler-Weg		Weiblicher Weg Bären-Weg
7. Chakra	+	Geistesflamme Heiliger Geist Höheres Selbst	−
6. Chakra	Adler (Adler)		Taube (Schneegans)
5. Chakra	Hirsch (Pferd)		Einhorn (Schmetterling)
4. Chakra	Löwe (Bison)		Lamm (Donnervogel)
3. Chakra	Drache (Puma)		Schwan (Schildkröte)
2. Chakra	Skorpion, (Schlange)		Delphin (Frosch)
1. Chakra	Wolf (Kojote)		Kuh (Bär)

Diese Krafttiere können zur Ausbildung und zum Schutz der Chakren förderlich sein. Sie dienen auf dem Bärenweg zur Umwandlung des Astralen zum Geistselbst hin. Die Gruppenseelen der Tiere führen durch die menschliche Seele bis ins Geistprinzip hinein. Sie sind Schutz- und Führungsgeister.

Der weibliche, sich läuternde Seelenweg zeigt besonders Tiere mit einem Hingabecharakter. Sie sind empfangend, tragend, duldend, rein und friedvoll. Der männliche Weg zeigt dagegen aktive, bewegliche Tiere, die aggressiv, listig, kraftvoll, majestätisch und weise sind. Mit diesen Kräften können wir in der Welt, aber auch im eigenen Seelenabgrund kämpfen und diese Abgrundkräfte dort auch integrieren lernen. Dazu brauchen wir einen Adlerblick, der überschauen und geistesgegenwärtig zugreifen kann. Der Adlerweg macht uns zum spirituellen Krieger in und für die Welt. Er geht von Visionen und Zielen aus und versucht, diese in der Welt zu verwirklichen, auch gegen alle Widrigkeiten.

Beide Seiten, den männlichen und den weiblichen Weg, gilt es in sich zu integrieren, auch die unteren, die dunklen Abgrundkräfte. Auch diese werden benötigt. Sie sollen uns gehorchen und dienen. Werden sie verdrängt, beherrschen sie uns mit der Zeit.

Tierkräfte sind Symbole und Wesensmerkmale der Seele. Die Gruppenseelen der Tiere stützen die menschliche Seele von innen her. Sie sind seelisch-geistige Archetypen, die in der Seele beheimatet sind. So steht zum Beispiel der Adler für eine Geistes- und Erkenntniskraft, der Hirsch für kosmischen Empfang, der Löwe für die Herz- und Mutkräfte, der Drache weist auf die Arbeit mit dem Doppelgänger, zum Beispiel auf Angst und Macht hin. Die Schlange zeigt und warnt vor List und Verführung beziehungsweise der Skorpion vor dem Giftstachel des Todes und der dämonisierten Leidenschaften. Der Wolf deutet auf abgründige Energien des Bösen hin, wie die Habgier, Feindschaft und Gewalt. All diese Kräfte wollen angenommen und gewandelt sein. Also gilt es, diese Kräfte auch in sich selbst zu beherrschen. Sie sollen uns folgen und nicht mehr vereinnahmen. Zum Beispiel gehorchte ein Wolf in einer Begegnung mit Franz von Assisi diesem. Der heilige Francesco hatte folglich die Wolfskraft in sich integriert.

Für die weiblichen Tiergruppen lassen sich entsprechend folgende Wesensmerkmale aufzeigen. Dies wiederum nur in Stichworten, weil ja jeder Leser eigene Erfahrungen machen soll und auch eine ihm bestimmte Wesensart im jeweiligen Tier erleben kann. Da ist eine große Bandbreite gegeben zwischen unerlösten und gereiften Seelenkräften der jeweiligen Art.

Die Kuh steht für Bodenständigkeit, Ausdauer und dafür, den Blick nach Innen zu wenden und damit sich in sich selbst erleben zu können. Delphine deuten auf eine verspielte Leichtigkeit, auf Gemeinschaftssinn und Heilkräfte hin. Der Schwan zeigt inneres Gleichgewicht und Eleganz. Das Lamm steht für Demut, Sanftmut, Milde und Friede. Das Einhorn für das Weisheitsstreben, für die Kraft der Aufmerksamkeit und Konzentration und für eine spirituelle Hingabe. Die Taube schließlich für die Reinheit und Lichthaftigkeit der Seele.

Natürlich gibt es noch andere Tierkräfte, die im Astralischen zuhause sind, wie zum Beispiel der Tiger und der Hund oder überhaupt ganz andere Archetypen, die den Seelenweg darstellen, wie die Bilder des Tarot, die Runen und die Symbole der Alchymie. Die obengenannten Tiere sind hier exemplarisch ausgewählt und können für das jeweilige Chakra angewendet werden, als Tor, um hinein zu kommen und als Schutz- und Führungsgeist auf der entsprechenden Ebene. Natürlich dürfen wir dazu auch unseren Engel bitten. Tiere haben aber einen direkten Bezug zum Astralleib. Sich diese Kräfte in der Seele aneignen, sich mit ihnen aussöhnen und sie bändigen lernen, das heißt, eine positive Seite in ihnen zu finden, gilt für den Bärenweg wie für den Adlerweg. Als seelische Qualitäten werden sie zu Schutz- und Führungsgeistern. Sie führen die Seele allmählich bis zum Geist, wenn sie bewusst geworden sind, denn sie wirken wie Schlüssel ins Unbewusste hinein und dann auch hindurch.

Als imaginative Übung kann man sich zum Beispiel vorstellen, dass wir eine dunkle Höhle als dem Eingang zu einem entsprechenden Chakra betreten. Wir bitten das jeweilige Krafttier, die Gruppenseele um Führung und Schutz und treten in den Eingang hinein. Darin können sich nun die unterschiedlichsten Bilder und Gefühle zeigen, mit denen wir im Weiteren arbeiten können. Die Engel und Schutzgeister zeigen immer nur das, was wir brauchen und was wir verkraften können. So tritt uns langsam aber sicher unser Unbewusstes in Erscheinung und wir können uns damit auseinandersetzen, es annehmen, verstehen lernen und uns mit allem darin aussöhnen. Im Wort Aussöhnen ist ja der Sohn, ist Christus enthalten. Er kann annehmen und erhöhen. Alles kann in einem positiven und sinnvollen Licht angeschaut werden. Die Seele selbst wird dadurch ganz und heil.

Die gereinigte und positive Seele wird in der christlichen Esoterik die Jungfrau Sophia genannt. Ihr Symbol ist die Taube. Sie empfängt den Heiligen Geist. Das siebte Chakra wird direkt vom Heiligen Geist gespeist, als Kraft und Symbol erfahren wir eine Geistesflamme. Der Heilige Geist vereinigt in sich die Wärme und das Licht, die Liebe und die Weisheit. Dahin mag sich unser immerwährendes, bescheidenes Gebet richten, das hier in Worte gefasst wurde und zwar aus der indianischen Tradition heraus und für unsere Kultur aufbereitet ist.

„Gebet zum Großen Geist"

Leben beginnt mit Leben.
Leben schafft Wärme und Licht.
Licht und Wärme erzeugen die Liebe.

Alles Lebende ist Ausdruck Deines Lebens.
Ich danke dem Leben und ehre es.
Und ich danke meinem Geist, der aus Deinem Geist geschaffen ist. Ich bitte darum, Ausdruck Deines Geistes zu sein: Licht und Liebe.
Ich bitte darum, dass Licht und Liebe meinen Weg säumen.
Ich bitte darum, nur Licht und Liebe zu empfangen.

Zuerst bin ich im Licht. Dann ist das Licht in mir. Und schließlich sind Licht und ich eins.
Zuerst bin ich in der Wärme. Dann ist die Wärme und die Liebe in mir. Und schließlich sind die Liebe und ich eins.

Ich preise Dich, universales, kosmisches Sein, Großer Geist, Gott... Brahman... in Christus.

111

Sei bei mir und in mir -
denn Dein Geist und ich sind eins. Immerdar.

Der Große Geist stärkt uns im Inneren. In Christus hat er sich auf Erden geoffenbart. In ihm ist das Licht und die Liebe Gottes Fleisch geworden.

Gott wurde in Christus Mensch. Christus hat das Fleisch, die Materie und den Leib angenommen und dem Kosmos dargebracht, das heißt mit himmlischer Kraft vermählt und damit erhöht. Christus ist das göttliche Leben, ist das Licht und die Liebe. In ihm haben wir den Großen Geist, der uns trägt, erhält, führt, durchtränkt und erleuchtet. Er öffnet die Türen, die seelischen Tore der Chakren zur geistigen Welt. Er ist der große Hierophant, der Meister aller Menschen. Ihm dienen alle guten und letztlich auch die bösen Kräfte und Wesen im All.

Wir dürfen nur mehr dankbar sein. Die Dankbarkeit für alles, was wir geschenkt bekommen haben und noch bekommen werden, öffnet die Seele für die „große", für die geistige Welt, so dass diese in uns zu wirken beginnen kann.

Die Kräfte dieser Welt sind die Kräfte Gottes, die eben auch unsere irdische Welt erschaffen haben. In dieser, für uns Menschen geschaffenen Schöpfung haben sich die Kräfte Gottes sozusagen verausgabt beziehungsweise sind sie darin ganz einverwoben und damit zu einem gewissen Ende gekommen.

Christi Kraft, die er im Menschenreich veranlagte, ist zunächst die Kraft der Freiheit. In Freiheit sich der göttlichen Welt öffnen, sich mit den Kräften des Lichtes, der Liebe und des Lebens verbinden, erschafft Gottes Welt auf der Erde durch den Menschen neu. Zuerst in der einzelnen und eigenen Seele. Dann wendet und wandelt sich die Seele in Freiheit allmählich hin zum Geist, sie empfängt den Heiligen Geist, der uns selbst zu einem Schöpfer macht.

Ein immerwährendes Tun der innerseelischen Schöpferkraft im Denken, Fühlen und Wollen nimmt somit seinen Anfang. Freiheitskraft ist Schöpferkraft. Da, wo der Mensch frei ist, ist er erst wirklich Mensch und kann daraus Neues erschaffen. Wo die Naturnotwendigkeiten angenommen sind und eine innerseelische Freiheitssphäre errungen ist, kann der Heilige Geist im Menschen zu wirken beginnen. Der Geist im Menschen ersteht im Licht und in der Liebe zu sich selbst und zur Welt. Der Geist im Menschen und der Geist des Lichtes und des Heiles sind letztendlich eins.

Die durchgeistigte Seele nimmt die Welt an, so wie sie ist und führt sie zum Geist, in dem sie Licht und Liebe in alles Dasein sendet, in dem sie aufnimmt und weiterschenkt, wie auch in der inneren Wandlung und im freien und liebenden Tun, in der Kommunikation und Kommunion mit dem Leben in der Welt.

In diesem Sinne schließe ich meine Betrachtungen und wünsche dem geneigten Leser segensreiche und aufbauende Gedanken und ein fruchtbares Anwenden dieser in seinem Alltag. Denn da erst zeigt sich, wo wir stehen. Das Leben zeigt auf, korrigiert und führt uns immer wieder an Punkte und Aufgaben heran, an denen wir innehalten, uns erkennen, neu ausrichten und immer wieder neu ansetzen müssen. Dafür mögen die Inhalte dieser Schrift eine kleine Hilfe sein.

Emmendingen, im Advent 2002, überarbeitet in Freiburg 2019

Literaturverzeichnis

Ernst Suter-Schaltenbrand: - Vom meditativen Leben.
                                - ... aber er bemerkt es nicht.
Louise Hay: - Umkehr zur Liebe, Rückkehr zum Leben.
               - Liebe Deinen Körper.
Siegfried Scharf: - Auf dass Christus lebe in mir.
Rudolf Steiner: - Das Wesen des Gebetes.
               - Rhythmen im Kosmos und im Menschenleben.
                    Wie kommt man zum Schauen der geistigen Welt?
               - Das Johannes Evangelium.
Waldemar Uxkull: - Die Einweihung im alten Ägypten.
Joachim Winkelmann: - Tarot der Eingeweihten.
White Eagle: - Die vier Einweihungen.
            - Heilungsbuch.
Peter Whiteheart: - WIYO ATE - Der indianische Weg zum neuen
                           Mann.
Pietro Archiati: - Jahrtausendwende - Menschheit wohin?
Pir Vilayat Inayat Khan: - Erwachen.
Omraam Mikhael Aivanhov: - Geistiges und künstlerisches
                           Schaffen.
Marko Pogacnik: - Die Erde wandelt sich.
Janet Cedar Springs: - Bring den Himmel auf die Erde
                      aus: Weibliche Wege zur Weisheit.
Hans Gsänger: Mysteriengeschichte der Menschheit

Vom Verfasser dieser Schrift sind folgende Titel erschienen, hier eine Auswahl:
- Auf dem Weg zum Gral - für die Sucher und Hüter des heiligen
                           Gral
- Partnerschaften im Lichte eines spirituellen Christentums
- Im Namen des Wortes - eine geistige Wegweisung
- An die Mutter Erde - Betrachtungen zur spirituellen Entwicklung
                           von Erde und Mensch

- Aufbruch zur Dimension der Tiefe – Teil1: Hilfen für das Leben
in der sozialen Welt
- Wege zum Heil – Aspekte zur Heilung von Erde und Mensch
- und einige mehr.

Alle Bücher sind bisher im Verlag Books on Demand erschienen. Bei weiterem Interesse oder eventuellen Rückfragen wenden sie sich bitte an folgende Mail-Adresse:

fama-freiburg@t-online.de

oder Sie schauen auf meine Webseite:

www.perceval-institut.de

Vielen Dank